Gartenfrische Vorräte durchs ganze Jahr

Gartenfrische Vorräte durchs ganze Jahr

Einmachen von Obst und Gemüse – mit Phantasie und Freude

NORA CAREY

FOTOS: MICK HALES

BECHTERMÜNZ VERLAG

Aus dem Amerikanischen von Franca Fritz und Heinrich Koop

Genehmigte Lizenzausgabe für
Bechtermünz Verlag im Weltbild Verlag GmbH, Augsburg 1997

Umschlaggestaltung: Peter Engel, München
Satz der deutschen Ausgabe: Fotosatz Harten, Köln
Gesamtherstellung: Toppan Printing Co., HKLTD, Hong Kong
Printed in China
ISBN 3-86047-288-7

*Apfelbaumreihen in Hope End,
Ledbury, Herefordshire
Nächste Seite:
Der Gemüsegarten
von Clapham House,
Litlington, Sussex
Seite 10–11: Fallobst
und die ersten
Kürbisse der Saison
im Garten von
Clapham House.*

1976

INHALT

EINFÜHRUNG

Das Einwecken und Konservieren von Obst und Gemüse zählt leider nicht zu meinen Kindheitserinnerungen. Obwohl meine Mutter eine wundervolle Köchin war – womit sich zweifellos mein großes Interesse an guten Speisen erklärt –, weihte sie mich nicht in die Geheimnisse des Einkochens und Konservierens ein. Ich vermute, daß man in den amerikanischen Vorstädten der sechziger Jahre das Einwecken von Obst und Gemüse als ziemlich altmodisch betrachtete. Allerdings konnte ich während meiner Sommerferien auf Cape Cod meinem Onkel zuschauen, wie er Pflaumengelee, Preiselbeer-Sauce und Hagebuttenkonfitüre herstellte – ein für mich magischer und völlig unbegreiflicher Vorgang. Die Wandlung von der rohen Frucht über die heiße, brodelnde Fruchtmasse in schweren Einmachtöpfen und Safttüchern bis hin zum klaren Fruchtgelee in Gläsern erschien mir geheimnisvoll. Erst viele Jahre später hatte ich die Gelegenheit, mich mit diesem Thema näher zu befassen, und ich entdeckte zahlreiche Konservierungstechniken.

Nach einem Jahr an der Pariser Kochschule La Varenne siedelte ich nach London über, um für Time-Life-Books zu arbeiten. Dort beauftragte man mich mit der Gestaltung des Bandes der Time-Life-Kochbücher, der sich mit dem Einwecken und Konservieren von Lebensmitteln befaßte, wodurch meine kulinarische Ausbildung auf erfreuliche Weise ergänzt wurde.

Bei meiner Rückkehr nach Frankreich sah ich die im Handel erhältlichen Marmeladen, Konfitüren und eingelegten Lebensmittel in einem völlig neuen Licht.

Der Anblick der Gläser und ihrer Inhalte faszinierte mich, wo immer ich einkaufte, ob nun in einem kleinen Lebensmittelgeschäft oder in den teuren Delikatessengeschäften von Paris. Meine Ausflüge zur Madeleine und zur Opéra endeten immer mit einem Besuch bei Fauchon, Hédiard, Paul Courcellet und Tanrade. Fauchon ist bekannt für seine verblüffend großen Flaschen mit ganzen eingelegten Früchten, für seine hübsch präsentierten Gläser mit eingelegtem Gemüse und seine vollständigen Menüs mit regionalen Speisen wie *coq au vin* und *pot-au-feu*. Hédiard gilt mit seinen *pâtes de fruits* (Fruchtpasten) und seiner großen Vielfalt von Fruchtsirupsorten und Fruchtpürees als Paradies für Naschkatzen. Sucht man interessante Konfitüren und aromatisierten Essig, ist man bei Paul Courcellet an der richtigen Adresse.

Tanrade in der Rue Vignon gilt seit Jahren als *das* Geschäft für Marmeladen und Konfitüren. Das Geschäftsgebäude, ganz im Stil des Art Déco gehalten, ist ein wahres Meisterwerk des Designs, und jedes kleinste Detail verweist auf die Herstellung von Marmeladen und Gelees. Bei Tanrade ließ sich die Jahreszeit am Warenangebot ablesen – im Frühsommer präsentierte er Konfitüren aus weichen Fruchtsorten, und im Herbst konnte man Quitten-, Birnen- und sogar Mispelkonfitüren erstehen.

Die Zeit in Frankreich hat mein Verhältnis zum Einkochen und Einlegen deutlich beeinflußt, aber meine Reisen nach Italien und die Rückkehr nach England und später nach Amerika liefern mir immer neue Anregungen. Besonders die englischen Gemüse- und Bauerngärten waren eine Quelle der Inspiration für dieses Buch. Aber es spielt überhaupt keine Rolle, wo Sie leben, weil die Grundregeln des Konservierens von der Qualität und dem Anbau der Obst- und Gemüsesorten bestimmt werden. Auch im Zeitalter des Luftfrachtverkehrs und des internationalen Handels mit frischen Lebensmitteln sollte sich das Einkochen hauptsächlich auf heimische Produkte konzentrieren, denn Eingemachtes aus frisch gepflückten oder geernteten Früchten und Gemüsen ist den Konserven aus ›weitgereisten‹, verwelkten Lebensmitteln bei weitem überlegen. Denken Sie immer daran, daß sich die Qualität von rohem Obst und Gemüse durch Einkochen nicht verbessern läßt; sie kann bestenfalls erhalten bleiben.

Falls Sie das Glück haben, einen eigenen Garten zu besitzen, dann bedenken Sie bei der Auswahl ihrer Bäume und Sträucher, ob sich deren Früchte zum Einkochen und Einle-

Frisch gepflückte Hagebutten eignen sich für Säfte und Gelees.

gen eignen. Von Region zu Region finden sich unterschiedliche Obst- und Gemüsesorten, und immer lassen sich einige besser weiterverarbeiten als andere. Langes Experimentieren mit verschiedenen Sorten kann sehr teuer werden: Erkundigen Sie sich bei Ihren örtlichen Gärtnereien nach geeignetem Pflanzgut.

Falls Sie keinen eigenen Garten besitzen, aber gerne selbst einkochen wollen, sollten Sie Ihre Waren entweder auf dem Wochenmarkt kaufen oder auf speziellen Obstplantagen, wo Sie die Früchte selbst pflücken dürfen. Pilze, Hagebutten und Ebereschenbeeren können Sie im Wald suchen. Achten Sie aber darauf, daß Sie die gesammelten Früchte und Beeren genau bestimmen können.

Ernten Sie Ihr Obst und Gemüse möglichst dann, wenn es bereits intensiv duftet, aber noch nicht völlig ausgereift ist. Dies gilt besonders für Früchte, die Sie für Konfitüren und Gelees verwenden wollen, bei denen es auf das natürliche Pektin ankommt. Im allgemeinen sollte man weiche Früchte nur dann pflücken, wenn sich auf ihnen kein Tau oder Regenwasser befindet. Sonst wird der frische Geschmack der Früchte verwässert, und es besteht die Gefahr des Schimmelbefalls.

Im Grunde dient das Einmachen dazu, den Verfallsprozeß zu verlangsamen. Nahrungsmittel verderben durch die ständige Aktivität der natürlichen Enzyme, die sich in jedem Obst oder Gemüse befinden, sowie durch Mikroorganismen und Bakterien, die als Schimmel- oder Hefepilze in der Nahrung selbst und in der Luft enthalten sind.

Sie können Ihre Speisen einkochen, sie in Salz, in Essig, Zucker oder in Alkohol einlegen, sie einfrieren oder trocknen. Diese Konserven besitzen ihren eigenen Reiz.

Wie das Kochen sollte auch das Einwecken ein Ausdruck der Persönlichkeit sein. Solange Sie bei der Auswahl und Vorbereitung Ihrer Produkte die wichtigsten Grundregeln beachten, hygienisch arbeiten und ihre Konserven sorgfältig lagern, sind Ihnen beim Konservieren keinerlei Grenzen gesetzt.

Der Gemüsegarten von Eggleston Hall, Durham.

ROVER
ASSORTED BISCUITS

EINWECKEN

Das Einwecken in Gläsern oder Konservendosen (Eindosen) zur Haltbarmachung von Obst, Gemüse, Fleisch und Fisch war in Europa und Nordamerika lange die am weitesten verbreitete Art zu konservieren. Das änderte sich erst mit der Entwicklung preiswerter Gefriergeräte. Eigentlich handelt es sich beim Einmachen in Gläsern oder Dosen um zwei verschiedenartige Prozesse, aber sehr häufig werden die Begriffe verwechselt, da sich die Prinzipien sehr ähnlich sind. Bei beiden Methoden erhitzt man Nahrungsmittel, um schädliche Organismen abzutöten und um ein Vakuum zu erzeugen, das das Eindringen von Bakterien verhindern soll. Beim Einwecken benutzt man Glasgefäße; beim Eindosen werden Blechdosen verwendet. Die genaue Temperatur, die zum Einmachen eines Nahrungsmittels benötigt wird, ist abhängig von der Festigkeit der Speise, dem Grad ihres Säuregehalts, der Einfülltemperatur sowie der Größe und Füllmenge des Behälters.

Von diesen unterschiedlichen Vorgaben und Bedingungen verdient der Säuregehalt die meiste Beachtung. Einige besonders saure Früchte und Gemüse – wie Tomaten – benötigen eine Einkochtemperatur von 76°C–100°C. Bei diesen Temperaturen werden Bakterien oder Schimmel- und Hefepilze abgetötet, die sonst die Nahrung verderben könnten. Schwachsaure Lebensmittel dagegen – die meisten Gemüsesorten, Fleisch, Fisch sowie Geflügel – erfordern eine höhere Temperatur, um die schädlichen Mikroorganismen zu beseitigen. Da solche hohen Temperaturen nur von speziellen Hochdruckmaschinen erreicht werden können, sollte man diesen Bereich den Konservenfabriken überlassen. Der größte Feind schwachsaurer, eingemachter Lebensmittel ist das Bakterium *Clostridium botulinum,* das schwere Lebensmittelvergiftungen (Botulismus) verursacht. Denn dieses Bakterium gedeiht auch in einem luftdicht verschlossenen Milieu. Es kann sich jedoch in einer säurehaltigen Umgebung nicht verbreiten, deshalb sind stark säurehaltige Früchte problemlos einzuwecken.

Beim Einkochen begegnen uns immer wieder die beiden Begriffe »Heißverfahren« und »Kaltverfahren«. Beim Heißverfahren werden gekochte Früchte, wie beispielsweise ›Ganze Aprikosen in Vanillesirup‹ (Seite 69), mit einer heißen Flüssigkeit in ein warmes Einmachglas gegeben und dann im heißen Wasserbad eingeweckt. Dagegen gibt man beim Kaltverfahren das ungekochte Obst oder Gemüse in kalte Einmachgläser, bedeckt es mit einer kalten Flüssigkeit und stellt die Gläser in ein kaltes Wasserbad. Erst dann wird das Wasser langsam zum Kochen gebracht, um alle Bakterien und Keime abzutöten.

Zum Einwecken eignen sich am besten spezielle Einmachgläser (oder -flaschen), die es in verschiedenen Formen gibt.

Die Einmachgläser müssen vor dem Füllen mit Obst oder Gemüse nicht extra abgekocht werden, da schließlich im Wasserbad alle Keime absterben. Allerdings sollten Sie die Gläser mit heißem Spülwasser reinigen, dann mit klarem Wasser gründlich nachspülen und sorgfältig abtrocknen.

Schichten Sie das rohe oder gekochte Obst locker übereinander und achten Sie darauf, daß Sie die Gläser nicht zu voll packen, da sich die Früchte beim Einwecken leicht dehnen. Die Flüssigkeit darf die Füllmengenmarkierung auf den Gläsern nicht überschreiten, damit zwischen Obst und Einmachdeckel ein Zwischenraum von mindestens 1 cm verbleibt, so daß sich die Lebensmittel und die Flüssigkeit beim Einwecken ausdehnen können.

Sie können Ihr Obst zwar schichtweise mit Zucker in die Gläser füllen und einwecken, aber ich habe die Erfahrung gemacht, daß man mit einer Zuckerlösung bessere Ergebnisse erzielt. Dabei darf die Zuckerkonzentration der Lösung durchaus variieren (siehe ›Zuckersirup‹, Seite 235), und außerdem läßt sich der Sirup sowohl mit Wasser als auch mit Fruchtsaft und Wein oder sogar mit einer Mischung der drei Flüssigkeiten zubereiten.

Sobald Sie das Obst oder Gemüse in saubere Einmachgläser oder -flaschen gefüllt haben, verschwinden die Unterschiede zwischen Heiß- und Kaltverfahren. Die Gläser werden nun in einen Einkochkessel gestellt.

Wenn die Gläser sicher im Einkochkessel oder Suppentopf stehen, füllen Sie den Topf mit heißem oder kaltem Wasser, bis die Gläser vollständig bedeckt sind (das Wasser sollte mindestens 2,5 cm über den Gläsern stehen). Sie müssen jedoch auf einen genügend großen Zwischenraum zwischen Wasseroberfläche und Topfdeckel achten, damit das Wasser brodeln kann, ohne gleich überzukochen. Nun bringen Sie das Wasser langsam auf die benötigte Sterilisiertemperatur – die von 76 °C bis 100 °C reichen kann – und halten das Wasser für den angegebenen Zeitraum auf dieser Temperatur. Einkochkessel sind meistens mit einem Thermometer ausgerüstet, das durch den Deckel gesteckt wird. Falls Sie jedoch keinen richtigen Einkochkessel und auch kein Thermometer besitzen, können Sie Obst, saures Gemüse sowie schwach gezuckerte Marmeladen und Konfitüren in kochendem Wasser einwecken.

In diesem Buch stehen die jeweiligen Einweckzeiten bei den einzelnen Rezepten, wobei man die Einweckzeit von dem Moment an berechnet, wo das Wasser kocht. Wenn das Obst oder Gemüse die erforderliche Zeit sterilisiert wurde, läßt man die Gläser im Einkochkessel so lange abkühlen, bis man sie gefahrlos herausnehmen kann. Die Einmachgläser können jetzt mit dem Griff an der Mittelstange des Gestells problemlos aus dem Kessel gehoben werden, wogegen Sie die Gläser aus dem Suppentopf einzeln mit einer großen Zange auf die Arbeitsfläche heben sollten. Dort lassen Sie sie über Nacht stehen, bis sie vollständig abgekühlt sind. Während des Erhitzens ist ein Teil der Luft aus den Gläsern entwichen, und beim Abkühlen zieht sich die restliche Luft zusammen, wodurch ein Vakuum entsteht. Bevor Sie die Gläser jetzt ins Regal stellen, müssen Sie die Verschlüsse überprüfen und kontrollieren, ob sich ein Vakuum gebildet hat. Dazu entfernen Sie bei den Einmachgläsern mit zweiteiligem Metalldeckel den äußeren, aufgeschraubten Metallring und kontrollieren, ob die verbliebene Metallscheibe sich konkav wölbt. Bei den Einmachgläsern mit Gummiring und Bügelverschluß lösen Sie die Klammer und heben das Glas an seinem Glasdeckel hoch. Falls sich

bei einem der Gläser kein Vakuum gebildet hat, können Sie das Einmachgut im Kühlschrank aufbewahren und sollten es innerhalb der nächsten Tage verzehren.

Lagern Sie die eingeweckten Gläser an einem kühlen, dunklen Ort, jedoch nicht länger als ein Jahr. Obwohl gut gefüllte Einweckgläser auf Küchenregalen sehr dekorativ wirken, ist der Inhalt licht- und hitzeempfindlich und kann bei falscher Lagerung leicht verderben.

Zum Öffnen der Gläser ziehen Sie kräftig an der überstehenden Lasche des Gummirings oder heben die Metallscheibe mit der Spitze eines stumpfen Messers an. Falls der Inhalt eines Glases unangenehm riecht, sollten Sie das Einmachgut sofort wegschütten und es auf keinen Fall probieren!

EINLEGEN IN SALZ UND ESSIG

EINLEGEN IN SALZ

Häufig verbindet man mit dem Begriff ›Pökeln‹ die Vorstellung eines primitiven Verfahrens zur Haltbarmachung von Nahrungsmitteln. Sicherlich sind »Hundertjährige Eier« und eingelegte grüne Bohnen nicht jedermanns Geschmack, aber so delikate und beliebte Nahrungsmittel wie eingelegte Oliven oder Sauerkraut wären ohne Salz nicht denkbar.

Salz konserviert Speisen, indem es den Mikroorganismen die in der Nahrung enthaltene Flüssigkeit entzieht. Die Nahrungsmittel können sowohl in Speisesalz als auch in eine Salzlake gelegt werden. Bei der Trockensalzung reibt man das Salz direkt in die Oberfläche der Lebensmittel ein, wodurch diesen nach einiger Zeit Flüssigkeit entzogen wird und dann eine Salzlake entsteht. Die Lebensmittel wiederum nehmen diese Salzlake auf und sind damit gepökelt. Am besten eignet sich dieses Verfahren für geraspelten Kohl oder in Scheiben geschnittene weiße Rüben, Karotten und Salatgurken.

Beim Einlegen von Lebensmitteln in eine Salzlake durchdringt das Salz – genau wie bei der Trockensalzung – die Speisen. Bakterien können in einer 25-prozentigen Salzlösung nicht lange überleben, und die meisten anderen schädlichen Mikroorganismen sterben bereits in einer 10-prozentigen Salzlösung ab.

Verwenden Sie sowohl bei der Trockensalzung als auch beim Einlegen in Salzlake nur reines Meersalz, da jodiertes und nicht klumpendes Speisesalz Chemikalien enthalten, die den Konservierungsprozeß unterbrechen, die Speisen verfärben und darüber hinaus die Flüssigkeit der Salzlake trüben können.

Um weitere Verunreinigungen zu vermeiden, sollten Sie auch beim Wasser vorsichtig sein und am besten reines Quellwasser aus der Flasche wählen. Dies mag vielleicht ein wenig extravagant klingen, aber die zusätzlichen Kosten stehen in keinem Verhältnis zu den Zutaten und dem Zeit- und Arbeitsaufwand, den Sie aufbringen müssen, um ein perfektes Ergebnis in Händen halten zu können.

Die Töpfe und Arbeitsgeräte sollten möglichst nicht porös und nicht aus Metall sein; am besten eignen sich Gefäße aus Glas oder Steinzeug. Das Sterilisieren der Töpfe ist überflüssig, allerdings sollten sie vor jedem Gebrauch gründlich gereinigt, nachgespült und abgetrocknet werden.

Wenn Sie Nahrungsmittel in Salz oder in Salzlake einlegen, achten Sie während des Konservierens auf eine konstante Temperatur zwischen 20 °C und 22 °C, da höhere oder niedrigere Temperaturen den gesamten Prozeß behindern könnten.

Sobald der Konservierungsvorgang abgeschlossen ist, stellen Sie das Einmachgut an einen kühlen Ort (nicht über 16 °C). Die Haltbarkeit Ihrer Konserven ist abhängig von den verwendeten Zutaten.

EINLEGEN IN ESSIG

Hierbei handelt es sich um eine Form der Nahrungsmittelkonservierung, die häufig mit dem Einlegen in Salz kombiniert wird. Allerdings ist hier die Essigsäure des Essigs und nicht das Salz der entscheidende Faktor zur Verlängerung der Haltbarkeit. Viele Gemüsesorten – und in einem gewissen Rahmen auch Früchte – legt man zunächst in Salz oder Salzlake ein, um die Feuchtigkeit herauszuziehen, und taucht sie anschließend in ein Essigbad. Der Essig ersetzt dann die extrahierte Flüssigkeit und verhindert das Wachstum schädlicher Mikroorganismen.

Sie sollten einen Essig mit einem Säuregrad von vier bis sechs Prozent wählen, den die meisten im Handel erhältlichen Essigsorten besitzen. Sie können auch einen selbstgemachten Essig verwenden, wobei Sie aber den Säuregrad mit einem Stückchen Lackmuspapier aus der Apotheke überprüfen müßten. Die Konzentration eines Essigs läßt sich erhöhen, indem Sie den Essig so lange kochen, bis er den gewünschten Grad erreicht hat.

Bei der Wahl des Essigs sollten Sie auch die zukünftige Geschmacksverbindung mit den Lebensmitteln bedenken, die Sie einlegen wollen. Manchmal lohnt es sich, auch auf die Farbe des Essigs und der Lebensmittel zu achten. So wirken Perlzwiebeln in Rotweinessig sehr verlockend, in braunem Malzessig dagegen eher unappetitlich.

Weinessig: Weinessig entsteht bei der Vergärung von Rot- oder Weißwein. Der französische Ausdruck *vinaigre* bedeutet wörtlich »saurer Wein«. Weinessig ist bekannt für seinen sanften und aromatischen Geschmack.

Apfelessig: Apfelessig wird aus gegorenem Apfelsaft gewonnen und besitzt ein sehr fruchtiges Aroma. Er eignet sich am besten für Chutneys aus Früchten.

Malzessig: Malzessig wird aus Gerstenmalz hergestellt. Aufgrund seines ausgeprägten Aromas ist er für zarte Gemüse und Früchte weniger gut geeignet.

Brandweinessig: Für diesen Essig wird Malzessig destilliert, wodurch der Essig farblos und im Geschmack milder wird. Mit Branntweinessig läßt sich die Farbe von Lebensmitteln am schönsten betonen.

Es gibt aber noch eine weitere Möglichkeit, Obst und Gemüse in Essig einzulegen. Dazu werden die Speisen erst mit Essig behandelt und dann in Öl getaucht. Dem Essig kommt hierbei die gleiche Aufgabe zu wie dem Salz beim Einlegen in Essig. Zunächst blanchiert oder kocht man das Obst oder Gemüse in Essig, dann läßt man die Speisen gründlich abtropfen und legt sie zum Schluß in Öl ein, um sie so vor schädlichen Mikroorganismen zu schützen. Dieses Verfahren eignet sich besonders gut für Artischocken (siehe ›Marinierte Artischocken in Olivenöl‹ , Seite 167), die man in ihrer eigenen Marinade servieren kann.

Salz und Essig greifen bestimmte Materialien an. Daher sollten Sie beim Einlegen des Gemüses nur Arbeitsgeräte aus Edelstahl und als Einmachgefäße Glas oder glasiertes Steinzeug verwenden. Verzichten Sie auch auf Metalldeckel, da diese durch den Essig oder seine Dämpfe zersetzt werden. Am besten nehmen Sie Einmachgläser mit Bügelverschluß oder mit einem kunststoffbeschichteten Schraubverschluß. Chutneys lassen sich gut mit Paraffin versiegeln (siehe ›Versiegeln und Etikettieren‹, Seite 52); das Paraffin schließt die Speisen luftdicht ab und verhindert ein Austrocknen.

Lagern Sie Ihre Konserven möglichst an einem kühlen, dunklen Ort und lassen Sie in Essig eingelegtes Gemüse oder Obst mindestens drei Monate ziehen. Dieses Eingemachte ist bis zu einem Jahr haltbar, während in Öl eingelegte Speisen nur drei bis sechs Monate gelagert werden sollten.

Eine kleine Privatkollektion verschiedener Kräuteressigsorten auf dem Kaminsims von Wiltshire Tracklements. Nächste Seite: Eine Sammlung hausgemachter Konserven für die Gäste des Hunstrete House Hotel, Avon.

PEAR CHUTNEY
JULY '88
CHATEAU DU
POUILLY SUR

GRAPEFRUIT MARMALADE JULY '88
Plum Jam July 88
GRAPEFRUIT MARMALADE JULY '88
GRAPEFRUIT MARMALADE JULY '88

EINKOCHEN MIT ZUCKER

Viele denken beim Thema »Eingemachtes« sofort an Speisen, die mit Zucker konserviert wurden, und das Prinzip der Zuckerung ist auch relativ einfach. Kombiniert man ein frisches Nahrungsmittel mit einer hochprozentigen Zuckerkonzentration, dann wird die im Lebensmittel enthaltene Flüssigkeit durch den Zucker gesättigt und so den schädlichen Mikroorganismen jegliche Grundlage entzogen.

Das meist verwendete Süßmittel zum Einlegen ist weißer Zucker, aber auch brauner Zucker, Melasse, Honig und Ahornsirup bieten je nach Einmachgut einen vollwertigen Ersatz. Die Süßkonserven unterteilt man in folgende Kategorien:

Gelee wird aus Fruchtsaft bereitet und ist klar und fest.

Konfitüre besteht aus ganzen Früchten oder Fruchtstückchen und sollte sich leicht verstreichen lassen, jedoch nicht zu flüssig sein.

Marmelade bezeichnet ein klares, geleeartiges Erzeugnis aus Zitrusfrüchten mit Fruchtstückchen und feinen Streifen der Zitrusschale.

Fruchtkonfekt ist eine Fruchtmischung aus mindestens einer Zitrusfrucht und getrocknetem Obst und Nüssen. Dieses Konfekt ist relativ flüssig und kann direkt mit dem Löffel gegessen werden.

Fruchtcreme wird als weicher Brotaufstrich verwendet und mit säurehaltigen Obstsorten wie Zitronen, Limonen und Maracuja sowie Zucker, Butter und Eiern bereitet.

Obstkompott ähnelt der Fruchtcreme, wird aber nur aus Früchten und Zucker hergestellt.

Fruchtpaste und Fruchtkäse enthalten mehr Zucker als Obstkompott und sind schnittfest eingekocht. Die Fruchtpaste reicht man häufig in Form von dünnen Rollen oder kleinen rechteckigen Stückchen. Fruchtkäse dagegen wird in eine dekorative Form gegeben und dann gestürzt (siehe ›Gestürzter Pfirsichkäse‹, Seite 134).

Der Zucker sorgt nicht nur für eine gute Konservierung der Früchte, sondern bewirkt auch, daß Marmeladen und Gelees fest werden.

Im allgemeinen genügt es, wenn Sie für Zucker und Obst ein Verhältnis von 1:1 oder 1:2 berechnen. Nur für Konfitüren, die nicht fest werden sollen, dürfen Sie weniger Zucker verwenden; allerdings müssen Sie diese im heißen Wasserbad sterilisieren, damit sie nicht so schnell verderben.

Obst enthält in der Schale, in den Samenkörnchen, im Fruchtfleisch und im Kern eine bestimmte Menge Pektose, die unter Hitzeeinwirkung in Pektin umgewandelt wird. Wenn das Verhältnis von Pektin, Zucker und Säure aufeinander abgestimmt ist, wird jede Konfitüre fest. Aber manche Früchte haben weniger Pektin und Säure als Äpfel, Preiselbeeren, Johannisbeeren, Stachelbeeren, Pflaumen, Quitten und Zitrusfrüchte. Konfitüren aus diesen säure- und pektinarmen Obstsorten (Erdbeeren, Rhabarber und Birnen) gelingen besser, wenn man einen Spritzer Zitronensäure dazugibt oder sie mit einer pektinreichen Frucht kombiniert.

PEKTINPROBE

Den Pektingehalt eines Fruchtsaftes können Sie bestimmen, indem Sie 1 TL Saft mit 2 EL Brennspiritus oder vergälltem Alkohol in einer Schüssel solange verrühren, bis sich Klumpen bilden. Ein großer Klumpen deutet auf einen hohen Pektingehalt hin, mehrere kleine Klumpen entsprechen einem mittleren Pektingehalt und viele kleine Klümpchen lassen auf einen niedrigen Pektingehalt schließen. Falls ein Fruchtsaft nur einen geringen oder mittleren Pektingehalt aufweist, lassen Sie die Flüssigkeit länger eindicken, bis sich beim nächsten Pektintest ein großer Klumpen bildet. *Gießen Sie die Schüssel, in der Sie den Test gemacht haben, aus und spülen Sie sie mit kochendheißem Wasser nach: Brennspiritus ist giftig!*

Verwenden Sie zum Einkochen nur erstklassige Früchte, die noch nicht vollreif sind, da diese einen höheren Pektosegehalt als reife und überreife Früchte haben. Leicht überreifes Obst eignet sich besser für Obstkompott und Fruchtpasten, bei denen das fertige Produkt durch Eindicken fest wird, das ist vom Pektingehalt unabhängig.

ZUBEHÖR

Das wichtigste Zubehör beim Einkochen von Marmelade ist ein großer, schwerer Topf. Ich bevorzuge einen altmodischen, unbeschichteten Kupferkessel. Kupfer leitet die Hitze schnell und gleichmäßig weiter und intensiviert in manchen Fällen die Farbe der eingekochten Früchte. Sie sollten sich allerdings vor jedem Gebrauch des Kupferkessels vergewissern, daß er innen wirklich sauber ist. Der Topf sollte nicht allzu hoch, eher flach sein, aber einen großen Umfang besitzen, um eine größere Verdunstung zu erzielen und damit eine kürzere Kochzeit. Arbeiten Sie möglichst nur mit kleinen Mengen, da größere Fruchtmengen eine längere Kochzeit benötigen und dabei an Geschmack verlieren. Außerdem wird die Gelierfähigkeit des Pektins herabgesetzt.

Während des Kochens steigen in den Zutaten enthaltene Verunreinigungen an die Oberfläche und bilden dort eine schaumige Masse, die Sie mit einem Schaumlöffel abschöpfen sollten, da der Schaum sonst Ihre Konfitüren und Gelees trübt.

Beim Feststellen des Gelierpunktes von Konfitüren, Marmeladen und Gelees, der sich bei etwa 105 °C befindet, hilft Ihnen ein Thermometer. Falls Sie kein Thermometer zur Hand haben, können Sie an der Festigkeit der Fruchtmischung erkennen, ob die Konfitüre bereits fertig ist. Dazu machen Sie einen Geliertest: Geben Sie von der heißen Masse einen Teelöffel voll auf einen kalten Teller und lassen Sie ihn ein paar Minuten abkühlen. Wenn Sie mit dem Finger eine Rille in die Fruchtmasse ziehen können und diese nicht wieder zusammenläuft, ist der Gelierpunkt erreicht. Falls die Mischung nicht fest bleibt, sollten Sie die Fruchtmasse noch etwas kochen lassen.

Für die Zubereitung von Gelee benötigen Sie ein Seih- oder Safttuch (meist aus Mull), um den Fruchtsaft vom Fruchtfleisch zu trennen. Feuchten Sie das Safttuch vor dem Gebrauch an, damit es nicht die gesamte Fruchtflüssigkeit aufsaugt. Das Safttuch läßt sich an einem speziellen Saftseihergestell oder an einem umgedrehten Hocker befestigen (siehe Abbildung oben). Darunter stellen Sie eine Schüssel, um den Fruchtsaft aufzufangen. Lassen Sie die heiße Fruchtmasse über Nacht durch das Safttuch laufen und verzichten Sie auf ein zusätzliches Auspressen der im Tuch verbliebenen Fruchtrückstände, da schon die geringste Menge Fruchtfleisch die Flüssigkeit trübt.

Hier tropft der Fruchtsaft durch ein Safttuch, das zwischen den Beinen eines Küchenhockers hängt.

Als Behältnis verwenden Sie hitzebeständige Gläser, die zuvor zehn Minuten im kochendheißen Wasserbad sterilisiert werden müssen und die Sie danach zum Abtropfen umgedreht auf ein Geschirrtuch stellen. Achten Sie darauf, daß die Gläser absolut trocken sind, denn schon die geringste Feuchtigkeit könnte Schimmelbefall verursachen. Außerdem müssen die Gläser vor dem Einfüllen der heißen Fruchtmasse angewärmt werden, damit sie nicht platzen.

Verschließen Sie die Gläser mit dem Bügelverschluß oder mit einem »Twist-off-Deckel«, solange die Fruchtmasse noch sehr heiß oder bereits vollständig abgekühlt ist. Die dazwischen liegenden Temperaturen verursachen Kondenswasser, das zu Schimmelbildung führen kann. Die Gläser lassen sich auch mit Wachsscheiben oder Paraffin versiegeln (siehe ›Versiegeln und Etikettieren‹, Seite 52).

Alle Konfitüren, Marmeladen und Gelees schmecken am besten, wenn Sie sie innerhalb eines Jahres verbrauchen. Bewahren Sie die Gläser an einem kühlen, dunklen Ort auf.

MÖGLICHE PROBLEME:

Konfitüren und Gelees werden nicht fest: Falls die Fruchtmasse nach der vorgeschriebenen Kochzeit noch zu viel Flüssigkeit enthält, geben Sie einfach ein wenig Apfelpektin-Fond (siehe Seite 63) dazu – $^1/_2$ Tasse Fond auf 2–3 Tassen Fruchtmasse. Dann kochen Sie die Masse, bis der Gelierpunkt erreicht ist.

Das Eingemachte kristallisiert: Dies deutet auf einen Mangel an Säuregehalt hin, den man manchmal durch Erhitzen der Fruchtmasse und Zugabe von etwas Zitronensaft beheben kann. Rechnen Sie einen Eßlöffel Zitronensaft auf 1 Tasse Fruchtmasse.

Schimmel: Schimmel entsteht, wenn die Gläser nicht richtig versiegelt sind. Entfernen Sie den Schimmelbelag sorgfältig mit einem Löffel und bedecken Sie die restliche Konfitüre mit einer Schicht Paraffin (siehe ›Versiegeln und Etikettieren‹, Seite 52).

Gärung: Beginnt die Fruchtmasse zu gären, deutet dies auf eine zu kurze Kochzeit hin; am besten schütten Sie den Inhalt der Gläser fort.

Apfelbäume, ›*Belle de Boskoop*‹.

EINLEGEN IN ALKOHOL

Alkohol ist ein hervorragendes Konservierungsmittel, und wenn man ihn mit weichen Früchten kombiniert, erhält man saftige, alkoholgetränkte Leckerbissen. Beim Konservieren durchdringt der Alkohol die Früchte. Der zum Einlegen eingesetzte Alkohol sollte mindestens 40 Prozent besitzen; dagegen sind Wein, Bier und Dessertweine wie Sherry und Portwein nicht geeignet, schädliche Mikroorganismen abzutöten.

Denken Sie bei der Wahl des Alkohols auch an eine gelungene Kombination von Frucht und Alkohol, da auf diese Weise der absorbierte Fruchtgeschmack den Alkohol selbst schon zu einer Delikatesse werden lassen kann. Dies gilt besonders für Crème de Cassis (Seite 99) und Schlehen-Gin (Seite 149). Bei diesen Rezepten wird die eingelegte Frucht weggeworfen, nachdem sie ihren Saft und Geschmack an den Alkohol abgegeben hat, und der aromatisierte Alkohol wird in Flaschen abgefüllt. Weinbrand paßt am besten zum weichen, runden Geschmack der Aprikosen. Backpflaumen schmecken köstlich in Armagnac, und Kirschen eignen sich vorzüglich für ein klares Obstwasser.

Beim Konservieren mit Alkohol spielt auch Zucker eine wichtige Rolle, denn er verhindert, daß die Früchte durch den Alkohol zu zäh werden und schrumpfen. Ein gutes Mischungsverhältnis erzielen Sie, wenn Sie für 450 g Obst und 2 Tassen Alkohol 1/2 Tasse Zucker rechnen, der entweder als Streuzucker oder in Form von Sirup dazugegeben werden kann. Schichten Sie einfach das Obst und den Zucker in ein Einmachglas mit Alkohol und schwenken Sie das Glas die nächsten Tage einige Male leicht hin und her, damit sich der Zucker auflöst. Falls Sie jedoch eine Zuckerlösung mit ein paar Eßlöffeln Wasser und Alkohol anrühren, erübrigt sich dieser Vorgang.

Die Gefäße sollten einen dicht schließenden Deckel besitzen, so daß der Alkohol sich nicht verflüchtigen kann. Es genügt, wenn Sie sie vor dem Füllen mit heißem Spülwasser reinigen und sorgfältig abtrocknen. Gefüllte und verkorkte Flaschen sehen besonders dekorativ aus, wenn Sie den Flaschenhals mit dem Korken in heißen Siegellack tauchen.

Lagern Sie alle in Alkohol eingelegten Speisen an einem kühlen, dunklen und trockenen Ort. Dort lassen Sie sie mindestens einen Monat ziehen. Die meisten eingelegten Obstsorten, besonders Backpflaumen, schmecken mit zunehmendem Alter besser, und es empfiehlt sich daher, die Gläser mehrere Jahre wie einen erlesenen Wein zu hüten.

Achten Sie darauf, daß die Früchte in geöffneten Gläsern immer mit Alkohol bedeckt sind. Falls Ihnen das Obst oder der Alkohol nicht süß genug erscheinen, geben Sie einfach Zuckersirup (Seite 235) hinzu.

Ein Winkel im Gewächshaus von Clapham House dient zur Lagerung der Gartengeräte.

Seaford
6 SUTTON ROAD
SEAFORD
SUTTONS
SEEDS

EINFRIEREN

Das Einfrieren von Lebensmitteln ist wahrscheinlich die am häufigsten angewendete und – aufgrund des unkomplizierten Verfahrens – auch die beliebteste Methode zur Haltbarmachung von Nahrungsmitteln. Darüber hinaus verändern sich beim Einfrieren Geschmack und Form von Obst und Gemüse nur wenig, und auch die Vitamine sowie Mineral- und Nährstoffe bleiben erhalten.

Das dem Einfrieren zugrundeliegende Prinzip ist leicht erklärt: Die extreme Kälte unterbindet die Enzymaktivität, die sonst eine Veränderung der Farbe, des Geschmacks und der Konsistenz der Nahrungsmittel bewirken würde. Allerdings läßt sich diese Enzymaktivität nicht vollständig verhindern, so daß auch eingefrorene Lebensmittel im Laufe der Zeit verderben. Die meisten Obst- und Gemüsesorten können aber problemlos bis zu einem Jahr tiefgefroren werden.

Als Tiefkühlgerät bezeichnet man Gefrierschränke oder -truhen, die mit einer Temperatur von -18°C oder darunter kühlen. Ins Gefrierfach gelegte Lebensmittel übernehmen diese Temperatur sehr schnell und werden dabei völlig fest. Dieser Kälteschock ist zur Qualitätserhaltung des Gefrierguts von großer Wichtigkeit, denn beim Tieffrieren verwandelt sich das in den Lebensmitteln enthaltene Wasser in Eiskristalle. Bei einem rapiden Kältesturz entstehen kleine Kristalle, wogegen langsames Einfrieren große Kristalle produziert. Während der Lagerung im Gefrierfach dehnen sich die Eiskristalle aus und können dabei die Zellstruktur des Gefrierguts zerstören. Das wiederum beeinträchtigt den Geschmack und das Aussehen.

Wie bei allen Konservierungsmethoden gilt auch hier der Grundsatz: Verwenden Sie nur erstklassige Früchte und Gemüse. Ideal wäre es, die Lebensmittel innerhalb weniger Stunden nach dem Pflücken oder Ernten einzufrieren, sobald sie sorgfältig aussortiert, durch Waschen von Pestiziden und Staub befreit und getrocknet wurden. Nur Beeren sollten Sie besser nicht waschen, da diese an Qualität verlieren.

Die Lebensmittel können entweder zerkleinert oder als ganze Früchte eingefroren werden. Früchte lassen sich gekocht oder roh tieffrieren, und zwar mit Zucker, in einer Zuckerlösung oder mit der Vorfrostmethode. Gemüse sollte man vor dem Einfrieren blanchieren.

Welche Gefriermethode Sie wählen, hängt von den einzufrierenden Lebensmitteln und dem späteren Verwendungszweck ab. Kleine Früchte, die nicht geschält oder entsteint werden müssen – wie Johannisbeeren, Himbeeren, Brombeeren, Stachelbeeren, Blaubeeren und Trauben – können ohne Zuckerzugabe mit der Vorfrostmethode tiefgefroren werden. Legen Sie die Früchte dazu auf ein Tablett (die Früchte sollten einander nicht berühren) und stellen Sie das Tablett einige Stunden ins Gefrierfach, so daß das Obst schnell fest werden kann. Nun verpacken Sie die Früchte rasch, streichen möglichst viel Luft heraus und verschließen die Beutel.

Obstsorten, die sich leicht verfärben oder entsteint werden müssen, sollte man mit Zukker vorbehandeln, der die Enzymaktivität hemmt und die Farbe bewahrt. Obwohl Sie die Früchte einfach in Kristallzucker wälzen und einfrieren können, bin ich der Ansicht, daß das später aufgetaute Obst eher einer Sauce als ganzen Früchten ähnelt. Dagegen ist nichts einzuwenden, wenn Sie das Obst für Desserts oder als Garnierung auf Eis verwenden wollen. Mischen Sie dazu Zucker und Früchte im Verhältnis 1:4 und geben Sie eventuell zwei Eßlöffel Zitronensaft oder Hagebuttensirup (Seite 215) auf 450 g Obst hinzu, damit sich die Früchte nicht verfärben.

Ich ziehe es vor, kleine ganze Früchte oder Obststückchen mit Zuckersirup zu behandeln, da sie ihre ursprüngliche Form beibehalten. Gießen Sie – je nach Geschmack – einen dünnflüssigen, zähflüssigen oder dicken Zuckersirup über die rohen Früchte und Obststückchen oder pochieren Sie sie in der Zuckerlösung. Pochierte Früchte müssen vollständig abkühlen, bevor Sie sie verpacken und einfrieren können. Zum Schluß geben Sie zu den rohen oder gekochten Früchten zwei Eßlöffel Zitronensaft oder klaren Hagebuttensirup auf 2 Tassen Fruchtmasse.

Püriertes Obst läßt sich besser einfrieren, doch benötigen helle Obstsorten Zucker und ein wenig Zitronensaft, damit sie sich nicht verfärben. Bei dunklen Beeren ein wenig Zitronensaft, der den Eigengeschmack verstärkt. Vor dem Einfrieren sollten Sie das Fruchtpüree durch ein Sieb streichen, um Schalen und Samenkörnchen herauszufiltern.

Gemüse muß vor dem Tieffrieren sorgfältig blanchiert oder gekocht werden, da durch die Hitzeeinwirkung die Enzymaktivität unterbrochen wird und so Geschmack, Farbe und Nährwert erhalten bleiben. (Gemüse *kann* zwar unblanchiert eingefroren werden, es ist dann aber nicht sehr lange haltbar, weil den meisten Gemüsesorten die nötige Säure fehlt.) Beim Blanchieren werden die Lebensmittel bis zu zwei Minuten in Wasser vorgekocht. Dabei berechnet man die eigentliche Blanchierzeit ab dem Moment, von dem an das Wasser wieder seinen Siedepunkt erreicht. Anschließend schreckt man das blanchierte Gemüse genauso lange im Eiswasser ab, um den Kochvorgang zu unterbrechen. Lassen Sie es gründlich abtropfen und tupfen Sie es mit Küchenpapier trocken. Noch feuchtes Gemüse gefriert als fester Block, den man nur schwer portionieren kann.

Bei manchen Gemüsesorten – beispielsweise bei grünen Bohnen und Broccoliröschen empfiehlt sich die Vorfrostmethode. Die meisten anderen Gemüsearten lassen sich problemlos in Gefrierbeuteln oder Tiefkühlbehältern einfrieren. Verwenden Sie nur Verpackungsmaterial, das speziell zum Einfrieren angeboten wird und luftdicht sowie feuchtigkeitsabweisend ist. Sie können auch Gefäße aus Edelstahl oder stabilem Kunststoff nehmen; verzichten Sie aber auf Frischhaltebeutel. Alufolie, Wachspapier oder Klarsichtfolie, da diese die Lebensmittel der trockenen Luft des Gefriergeräts aussetzen und damit Gefrierbrand verursachen.

Füllen Sie die Tiefkühlgefäße nicht bis zum Rand (das Gefriergut dehnt sich beim Erstarren aus) und streichen Sie möglichst viel Luft aus den Beuteln oder Behältern. Bei vorgefrostetem Gemüse oder Obst läßt man einen Rand von 1 cm; Fruchtpürees, -säfte und Obst in Zuckerlösung benötigen dagegen etwa 2–3 cm. Andererseits sollten Sie die Beutel und Behälter nicht nur halb füllen, sondern entsprechend der angegebenen Menge, da das Gefriergut sonst austrocknet.

Wenn Sie dennoch Klarsicht- oder Alufolie verwenden wollen, achten Sie darauf, daß die Folie die Lebensmittel gut umschließt und die Luft herausgedrückt ist.

Legen Sie das Obst und Gemüse unmittelbar nach dem Einfüllen in das Gefriergerät und halten Sie sich an die Gebrauchsanweisung zum Einfrieren. Es gibt Modelle, die ein Vorgefrierfach haben. Gezuckertes Obst und blanchiertes Gemüse halten sich im Gefrierfach bis zu einem Jahr; ungezuckerte Früchte oder Obst mit leicht vergänglichem Duft und Geschmack verbraucht man am besten innerhalb von drei bis sechs Monaten.

Beim Auftauen können Sie das Gefriergut vor schädlichen Mikroorganismen schützen, indem Sie Obst über Nacht im Kühlschrank auftauen lassen und tiefgekühltes Gemüse direkt in kochendes Wasser geben.

Die folgende Liste gibt Ihnen nähere Informationen zum Einfrieren einzelner Obst- und Gemüsesorten:

Ein ruhiges Fleckchen in Rosemary Vereys Garten auf Barnsley House, Gloucestershire.

OBST

Aprikosen: Aprikosen sollten Sie am besten püriert einfrieren. Geben Sie $^1/_2$ Tasse Zucker und zwei Eßlöffel Zitronensaft auf 2 Tassen Fruchtpüree, damit es sich nicht verfärbt. Das aufgetaute Aprikosenpüree ergibt aufgewärmt eine schmackhafte Sauce zu pochierten Früchten oder kann als Grundlage für Soufflés und *Crème bavarois* dienen.

Brombeeren: Brombeeren lassen sich entweder als ungesüßtes Püree oder als ganze Früchte mit der Vorfrostmethode einfrieren.

Blaubeeren: Für Blaubeeren ist die Vorfrostmethode am besten geeignet. Geben Sie Blaubeeren unaufgetaut in einen Teig (für Muffins, Kuchen oder Pfannkuchen), da sie so ihre Form behalten und kaum Saft verlieren. Gefrorene Blaubeeren sind eine gute Grundlage für Dessertsaucen.

Preiselbeeren: Frische Preiselbeeren werden aussortiert und dann unbehandelt in Gefrierbeuteln oder Tiefkühlbehältern eingefroren. Verwenden Sie für Ihre Rezepte die tiefgekühlten Preiselbeeren nur im gefrorenen Zustand, da die aufgetauten Beeren weich werden und viel Saft verlieren.

Rote, schwarze und weiße Johannisbeeren: Johannisbeeren friert man am besten mit der Vorfrostmethode ein. Die gefrorenen Beeren eignen sich gut zur Geleezubereitung. Sie können gefroren verwendet werden.

Holunderbeeren: Auch für Holunderbeeren bietet sich die Vorfrostmethode an. Zupfen Sie die Beeren von ihren Stengeln, dann sortieren Sie sie gründlich aus und waschen sie sorgfältig. Vor dem Einfrieren trockentupfen.

Stachelbeeren: Stachelbeeren eignen sich gut für die Vorfrostmethode und stehen so das ganze Jahr für Kuchenfüllungen oder für ein köstliches Winterkompott aus verschiedenen Früchten zur Verfügung. Sie sollten die noch gefrorenen Stachelbeeren sofort verwenden, da sie während des Auftauens unansehnlich werden. Stachelbeersaft, der sich gut zur Konfitüren- und Geleezubereitung eignet (siehe

Saatbeete im riesigen Gemüsegarten der Little Mythhurst Farm in Horley, Surrey.

Rezept auf Seite 107), läßt sich ebenfalls problemlos einfrieren.

Trauben: Trauben friert man entweder als ganze Früchte oder enthäutet und mit Hilfe der Vorfrostmethode ein. Gefrorene Trauben sind eine leckere Süßigkeit für Kinder. Traubensaftkonzentrat kann eingefroren und bei der Konfitüren- und Geleebereitung gut mit pektinarmen Obstsorten kombiniert werden. Siehe ›Konfitüre aus frischen Feigen und reifen Weintrauben‹ (Seite 104).

Orangen: Von den vielen Apfelsinensorten eignen sich nur Sauer- oder Bitterorangen und Blutorangen zum Einfrieren. Die Bitterorange kann als ganze Frucht bis zu einem Jahr eingefroren werden und steht so immer zur Herstellung von Marmelade zur Verfügung. Säubern Sie sie vor dem Einfrieren sorgfältig und legen Sie die trockengetupften Apfelsinen in Gefrierbeutel. Zum Auftauen lassen Sie sie am besten über Nacht im Kühlschrank. Da Blutorangen nur während einer kurzen Zeit im Jahr erhältlich sind, lohnt es sich, sie auszupressen und den Saft einzufrieren (siehe Seite 125).

Pfirsiche und Nektarinen: Diese Obstsorten sollte man vor dem Einfrieren schälen, entsteinen und pürieren. Damit sich das helle Fruchtfleisch nicht verfärbt, geben Sie $^1/_2$ Tasse Zucker und zwei Eßlöffel Zitronensaft auf 2 Tassen Fruchtpüree. Weiße Pfirsiche sind empfindlicher als gelbe Sorten und verfärben sich trotz der Behandlung mit Zitronensaft. Angetautes Pfirsich- oder Nektarinenpüree eignet sich gut zur geschmacklichen Verfeinerung von selbstgemachtem Eis; nehmen Sie 1–2 Tassen für 1 Liter Eiscreme. Dieses Püree ergibt auch eine leckere Sauce zu Brot- und Reisaufläufen.

Himbeeren: Frieren Sie Himbeeren entweder als ungesüßtes Püree oder mit der Vorfrostmethode als ganze Beeren ein. Die aufgetauten Beeren sind dann zwar ein wenig weich, schmecken aber hervorragend als Obstdessert, in einer *Crème brulée* oder in einer Roten Grütze, die ausschließlich aus roten Früchten zubereitet wird.

Erdbeeren: Erdbeeren werden am besten püriert eingefroren, denn die Früchte eignen sich nicht für die Vorfrostmethode. Sie können sie auch in Stücke schneiden und mit Zucker in Gefrierbeutel schichten, erhalten aber nach dem Auftauen einen Fruchtbrei.

GEMÜSE

Spargel: Junge zarte Spargelstangen lassen sich bis zu vier Monaten einfrieren. Schälen Sie den Spargel und blanchieren Sie ihn drei Minuten. Kurz abtropfen lassen und in einer Schüssel mit Eiswasser abschrecken, damit der Kochprozeß unterbunden wird. Anschließend tupfen Sie den Spargel trocken und füllen ihn portionsweise in Gefrierbeutel.

Broccoli: Broccoli zählt zu den robusteren Gemüsesorten, die nach dem Blanchieren problemlos eingefroren werden können. Trennen Sie die Broccoliröschen von den Stengeln und blanchieren Sie sie zwei Minuten in genügend kochendem Wasser. Kurz abtropfen lassen und in einer Schüssel mit Eiswasser abschrecken, damit der Kochprozeß unterbunden wird. Dann tupfen Sie die Röschen trocken und legen sie mit genügend Abstand zueinander auf ein Tablett. Anschließend schälen Sie die Stengel, blanchieren sie drei Minuten, schrecken sie in Eiswasser ab und legen sie nach dem Trockentupfen ebenfalls auf ein Tablett. Die Broccoliteile zwei Stunden vorfrieren, bis sie fest sind. Zum Schluß portionsweise in Gefrierbeutel füllen.

Cardy: Diese dickstielige Gemüsesorte gehört zur Familie der Disteln und erinnert im Geschmack an die verwandte Artischocke. Cardy läßt sich am besten durch Einfrieren konservieren. Dazu müssen Sie die Blattstiele von den Blättern trennen, die Stiele in 5–10 cm lange Stücke schneiden und drei Minuten in kochendem Wasser blanchieren. Nun die Cardystücke abtropfen, abkühlen lassen und sorgfältig trockentupfen. Wenn Sie die Stücke später einzeln entnehmen wollen, sollten Sie sie mit der Vorfrostmethode einfrieren. Die Cardystücke können in eine Hühnerbrühe oder Minestrone gegeben werden.

Im Gemüsegarten von Hope End, Herefordshire, werden die Cardy-Pflanzen in Packpapier gewickelt, damit sie bis zur Ernte weiß bleiben.

Blumenkohl: Blumenkohl läßt sich gut einfrieren, und die leicht zu portionierenden Röschen sind bei der Zubereitung köstlicher Gratins, Gemüseeintöpfe und Suppen ausgesprochen praktisch. Unterteilen Sie den Blumenkohl in Röschen, die Sie in kleinen Portionen zwei Minuten in kochendem Salzwasser blanchieren. Sofort in einer Schüssel mit Eiswasser abschrecken, damit der Kochprozeß unterbunden wird, dann abtropfen lassen und entweder direkt in Gefrierbeutel füllen oder mit der Vorfrostmethode einfrieren.

Mais: Zum Einfrieren von Maiskörnern blanchiert man zunächst die ganzen, frischgepflückten Maiskolben drei Minuten lang in kochendem Salzwasser, läßt sie abtropfen und abkühlen. Nun schneiden Sie die Maiskörner mit einem scharfen Messer ab und füllen sie portionsweise in Tiefkühlbehälter aus Kunststoff oder frieren sie mit der Vorfrostmethode ein, da die Körner sonst zusammenkleben. Der gefrorene Mais kann sofort zum Kochen verwendet werden.

Grüne Bohnen: Grüne Bohnen lassen sich hervorragend durch Einfrieren konservieren. Entfernen Sie dazu die Enden von jeder Bohne und blanchieren Sie kleine Mengen eine Minute in kochendem Salzwasser. Sofort in einer Schüssel mit Eiswasser abschrecken, dann abtropfen lassen und auf Küchenpapier trocknen. Anschließend verteilen Sie die Bohnen in einer Schicht auf einem Backblech und frieren sie ungefähr eine Stunde vor, bis sie fest sind. Füllen Sie die Bohnen portionsweise in Gefrierbeutel und verbrauchen Sie die gefrorenen Bohnen innerhalb der nächsten neun Monate. Die Bohnen vor der Zubereitung nicht auftauen, da sie sonst weich werden.

Kürbis: Kürbis sollte man vor dem Einfrieren pürieren (siehe Rezept auf Seite 191).

Tomaten: Frische Tomaten eignen sich nicht sehr gut zum Einfrieren, da sie leicht platzen. Allerdings können Sie gekochte Tomaten in Form von Tomatensauce oder -püree problemlos einfrieren.

Rechts: Der Gemüsegarten von Barnsley House.
Folgende Doppelseite: Schrebergärten in der Nähe von Ripon in der Grafschaft Durham.

TROCKNEN

Sorgfältig getrocknete Lebensmittel sind vor Verfall geschützt, weil ihnen die Feuchtigkeit entzogen wurde, die schädliche Mikroorganismen zum Überleben benötigen.

Früher trocknete man die Nahrungsmittel mit Hilfe der Sonne oder des Windes; heute kann man im Backofen oder in einem Dörrgerät trocknen. Einige Früchte lassen sich auch an der Luft trocknen.

Zwei Dinge sollten Sie beim Trocknen von Lebensmitteln beachten: die Temperatur muß konstant zwischen 50 °C und 65 °C liegen, eine gute Belüftung muß gewährleistet sein.

Die im Handel erhältlichen getrockneten Lebensmittel reichen von Fleisch (Wurst und Parmaschinken) über Fisch (gesalzener Kabeljau und Räucherhering), Gemüse (Pilze, Tomaten), Früchte (Rosinen, Aprikosen und Backpflaumen) bis zu Kräutern und Hülsenfrüchten (Kichererbsen, Linsen und Bohnen).

Ich empfehle Ihnen jedoch, sich auf das Trocknen einiger Obst- und Gemüsesorten sowie verschiedener aromatischer Zutaten zu beschränken. Obwohl an der Luft oder Sonne getrocknete Lebensmittel ihren Geschmack besser behalten, scheidet diese Vorgehensweise bei uns aufgrund unseres Klimas meist von vornherein aus. Das Geheimnis des Trocknens besteht darin, die Lebensmittel kleinzuschneiden, bzw. mit kleinen Mengen zu arbeiten, so daß alles schnell und gleichmäßig trocknet. Sonst können sich Bakterien sowie Hefe- und Schimmelpilze bilden.

Wenn Sie Lebensmittel im Haus trocknen wollen, sollten Sie sie an der Luft trocknen oder im Backofen dörren. Beim Trocknen im Backofen brauchen Sie lediglich ein Thermometer, falls die Temperaturen Ihres Ofens schwanken und ein Draht- oder Holzgestell, das Sie mit einem Mulltuch bedecken. Darauf verteilen Sie die vorbereiteten Lebensmittel. Im Handel sind auch spezielle, stapelbare

Oben: Getrocknete Lauchblüten können für dekorative Gestecke verwendet werden.
Rechts: Blühender Majoran.

Tabletts erhältlich, aber Sie können sich Ihr eigenes Stapelsystem schaffen, indem Sie die Gestelle auf kleine, umgedrehte Backformen oder dergleichen stellen und so stapeln. Apfelringe (siehe Rezept auf Seite 65) lassen sich gut auf Holzstäben trocknen, da sie so ihre Form behalten. Legen Sie die Holzstäbe quer über ein tiefes Tablett oder eine Bratpfanne.

Lassen Sie viel Platz zwischen den Obst- und Gemüsestückchen, damit die Luft gut zwischen ihnen zirkuliert, und achten Sie darauf, daß der Backofen stets einen Spalt geöffnet ist, so daß frische Luft hereinströmen kann. Am besten geeignet ist natürlich ein Heißluftherd, da die Luft durch das Gebläse ständig bewegt wird.

Beim Trocknen an der Luft benötigen Sie nur etwas Küchenzwirn, um die Lebensmittel aufzuhängen oder aufzufädeln. Der Trockenraum sollte gut belüftet sein und eine konstante Temperatur von 30 °C bis 35 °C aufweisen. Die Dauer eines Trocknungsvorgangs hängt davon ab, wie dick die einzelnen Stücke sind und wieviel Wasser sie enthalten. Achten Sie auf die Luftfeuchtigkeit des Raumes. Angaben zu Trocknungstemperaturen und -dauer finden Sie bei den einzelnen Rezepten.

Oben: Frische gepflückte Bramley-Äpfel.
Rechts: Beete mit Wurzelgemüse auf Clapham House in Lithington, Sussex.

Äpfel, Birnen, Aprikosen und Pfirsiche lassen sich am besten zu Hause trocknen. Schälen und entsteinen oder entkernen Sie das Obst. Danach schneiden Sie es in dünne Scheiben oder Ringe, damit die Früchte schneller trocknen. Das vorbereitete Obst verfärbt sich nicht, wenn man es vor dem Trocknen in eine Mischung aus Salz und Zitronensaft legt (siehe ›Getrocknete Apfelringe‹, Seite 65). Kleine Früchte wie Preiselbeeren und (entsteinte) Kirschen können vor dem Trocknen kandiert werden (siehe ›Getrocknete Kirschen‹ auf Seite 83 und ›Getrocknete Preiselbeeren‹ auf Seite 93).

Folgende Gemüsesorten lassen sich ebenfalls sehr gut trocknen: Wilde Pilze (siehe ›Getrocknete Waldpilze‹, Seite 181) und Mais (siehe Rezept zu ›Jane Chambers Trockenmais‹, Seite 176). Mais wird lange im Backofen trocknen müssen; Pilze sind sehr schnell luftgetrocknet. Aromatische Zutaten wie Orangenschalen, Kräuter, Blüten und Chilischoten trocknet man hängend in einem gut belüfteten Raum.

Lagern Sie die getrockneten Lebensmittel sofort in luftdicht verschlossenen Gläsern oder Dosen, damit sie keine Feuchtigkeit aus der Luft aufnehmen können.

Am besten werden getrocknete Früchte sofort verzehrt oder weiterverarbeitet. Sie können sie aber auch einige Stunden in Wasser oder einer anderen Flüssigkeit einlegen, bevor Sie sie zum Kochen verwenden. Wenn Sie getrocknete Früchte für ein Obstkompott eingeweicht haben, reichen Sie doch die (durch Kochen) eingedickte Einweichflüssigkeit als Sauce dazu.

Lavendel und Rosmarin im Benenden Walled Garden, Kent.

VERSIEGELN UND ETIKETTIEREN

Das Versiegeln hängt häufig von den verwendeten Speisen und ihrer Art der Konservierung ab. Die meisten selbstgemachten Konserven benötigen nur eine einfache Wachsscheibe zum Abdecken; andere wiederum müssen luftdicht versiegelt werden.

Speisen, die man im Wasserbad einweckt, erfordern stabile Einmachgläser mit Bügelverschluß oder zweiteiligem Metalldeckel, die so konzipiert sind, daß sie das Eindringen des Wassers während des Sterilisierens verhindern, trotzdem aber das Entweichen der Luft gestatten. So kann sich ein Vakuum bilden, das die Haltbarkeit der eingeweckten Lebensmittel verlängert.

WACHSSCHEIBEN

Konfitüren und Gelees mit einem hohen Zucker- und Säuregehalt werden als Schutz gegen Mikroorganismen mit einer Wachsscheibe abgedeckt und mit einem Deckel oder einer Klarsichtfolie versehen, damit kein Staub eindringt. Im Handel sind zugeschnittene Wachsscheiben und Klarsichtfolie erhältlich. Nachdem Sie die Gläser mit der heißen Fruchtmasse gefüllt haben, legen Sie die Wachsscheiben mit der gewachsten Seite nach unten auf die Früchte und drücken alle Luft heraus. Nun schneiden Sie die Klarsichtfolie entsprechend der Glasöffnung zu, wobei Sie einen zusätzlichen Rand von ungefähr 2 cm dazurechnen. Feuchten Sie die Folie an, damit sie sich besser dehnt, und klemmen Sie sie mit Hilfe eines Gummibandes um den Glasrand. Versehen Sie die Gläser mit dieser zweiten Abdeckung, solange das Eingemachte noch sehr heiß ist oder wenn es bereits vollständig abgekühlt ist, weil sich sonst Kondenswasser bilden könnte, das Schimmelbefall begünstigt.

Verschiedene französische Siegellacke, Siegel, hübsche Oblaten und Bänder, mit denen Sie Ihre selbstgemachten Konserven dekorativ verzieren können.

MEDAI
JH

& CRAB APPLE
JELLY
08188

PARAFFIN

Chutneys enthalten so viel Essig, daß man sie lediglich gegen Austrocknen schützen sollte und weniger gegen schädliche Mikroorganismen. Dazu versiegeln Sie die Gläser am besten mit Paraffinwachs, das in Form von Blöcken und Stangen erhältlich ist. Schmelzen Sie das Wachs in einer sauberen Blechdose, die Sie in ein Wasserbad stellen und mit Zangen oder Klammern befestigen.

Wenn Gläser mit Paraffin versiegelt werden sollen, füllen Sie sie bis etwa 0,5 cm unterhalb des Randes. Dann legen Sie eine Wachsscheibe direkt auf die heiße Fruchtmasse. Anschließend streichen Sie vorsichtig die Luft heraus und füllen das Glas bis zum Rand mit flüssigem Paraffin. Lassen Sie das Paraffin vollständig abkühlen, bevor Sie es eventuell mit einer Klarsicht- oder Stoffhaube vor Staub schützen. Natürlich kann man das Einmachgut auch nach dem Erkalten mit Paraffin versiegeln. Aber bedecken Sie niemals noch warme Speisen, da sich sonst ein Nährboden für Schimmelpilze bildet.

Mit der Spitze eines scharfen Messers läßt sich die Paraffinschicht problemlos herausheben. Bis das Glas geleert ist, können Sie diese Schicht immer wieder als Abdeckung auf das verbleibende Einmachgut legen.

KORKEN UND SIEGELLACK

Verschließen Sie Ihre in Flaschen gefüllten Speisen doch mit einem Korken, denn ein Korken übersteht zum einen die Sterilisation im heißen Wasserbad und eignet sich zum anderen auch als Verschluß für einfachere Konserven wie *Crème de Cassis* (Seite 99) und Kräuteressig, die nicht eingeweckt werden müssen.

Die Korken sollten vor dem Gebrauch mindestens fünfzehn Minuten in warmem Wasser einweichen, damit alle Staubpartikel entfernt und die Korken geschmeidiger werden. Zum Verkorken nehmen Sie am besten eine Korkmaschine oder schlagen den Korken mit der breiten Seite eines Holzhammers vorsichtig in die Öffnung. Der Korken sollte mit dem Flaschenrand eben abschließen, es sei denn, der Flascheninhalt muß noch sterilisiert werden. In diesem Fall darf der Korken ruhig 0,5 cm herausragen.

Sichern Sie den Korken mit einem Draht, damit er nicht durch den Druck beim Sterilisieren aus den Flaschen herausgetrieben wird. Dazu kerben Sie den Korken mit einem scharfen Messer kreuzweise ein und legen darüber den Draht, der dann um den Flaschenhals gewunden wird.

Zum Schluß tauchen Sie die verkorkten Flaschenhälse in Siegellack. Der Lack sorgt nicht nur für eine luftdichte Versiegelung, sondern verleiht den selbstgemachten Konserven auch ein attraktives Äußeres. Siegellack ist in zahlreichen Farben in Schreibwaren- oder Künstlerbedarfsgeschäften erhältlich und sollte – wie Paraffin – vorsichtig in einer alten Blechdose im Wasserbad geschmolzen werden.

Der Lack läßt sich später mit der stumpfen Seite eines Messers abbröckeln, so daß Sie den Korken mit einem Korkenzieher herausholen können. Man kann den Flaschenhals auch vorsichtig über einer kleinen Flamme erwärmen, bis sich der weiche Lack mit einem alten Messer leicht abkratzen läßt.

ETIKETTEN

Denken Sie daran, alle Ihre Konserven mit Etiketten zu versehen, auf denen Sie den Inhalt und das Abfülldatum notieren. Wie schnell hat man die Daten doch nach ein paar Monaten wieder vergessen. Verbrauchen Sie Ihr Eingemachtes am besten innerhalb eines Jahres; das Etikett hilft Ihnen, die Zeit richtig einzuschätzen.

Sammeln Sie doch interessante Aufkleber und Etikettschildchen, kleine Stoffreste, Bänder und Kordeln, mit denen Sie Ihr Eingemachtes individuell gestalten können.

Leuchtend bunte Etiketten und Baumwollstoffe verleihen selbstgemachten Konserven eine ganz persönliche Note.

FRÜCHTE UND NÜSSE

KLASSISCHE APFELCHARLOTTE

Dieses traditionelle französische Dessert wird mit süßer Schlagsahne oder einer Vanillesauce gereicht.

4 Tassen Apfelmus (Seite 62)
175 g Butter
$^{3}/_{4}$ Tasse dicht gehäufter brauner Zucker
1 TL gemahlener Zimt
2 EL Calvados (nach Geschmack)
12 Scheiben leicht altbackenes oder im Ofen getrocknetes Weißbrot ohne Rinde

In einer großen Stielkasserolle das Apfelmus mit 60 g Butter, dem braunen Zucker, Zimt und Calvados auf kleiner Flamme unter ständigem Rühren erhitzen, bis sich der Zucker vollständig auflöst. Nach Geschmack würzen.

Den Boden einer Charlottenform mit einer gefetteten Wachspapierscheibe auslegen. Acht Scheiben Brot in etwa 3,5 cm breite Streifen schneiden; die restlichen vier Scheiben zu Halbkreisen schneiden und damit den Boden und später den Deckel der Charlotte bilden.

Die restlichen 115 g Butter in einer großen, flachen Pfanne auf kleiner Flamme erhitzen, zwei Brothalbkreise in die Butter tauchen und auf den Boden der Form legen. Die Brotstreifen in die Butter tunken und damit schichtweise den Rand der Form auskleiden. Die Apfelmusmischung in die Form füllen und mit den verbleibenden, in Butter getauchten Halbkreisen bedecken.

Nun die Apfelcharlotte in einem auf 200 °C vorgeheizten Ofen 15 Minuten backen. Anschließend die Temperatur auf 180 °C reduzieren und die Charlotte weitere 30 Minuten backen, bis das Brot knusprig und goldbraun ist.

Lassen Sie die Charlotte auf einem Kuchengitter in der Form 15 Minuten abkühlen. Dann aus der Form nehmen und entweder heiß oder zimmerwarm servieren.

Für 4–6 Personen

GRACE STUCKS FRÜCHTEKUCHEN

Leider habe ich Grace Stuck aus Minnesota nicht mehr kennengelernt, aber ihre Enkelin Susan Stuck ist eine gute Freundin von mir, und sie hat dieses Rezept mir und anderen Freunden überlassen. Mittlerweile gehört dieser Kuchen zu unserem traditionellen Weihnachtsessen.

- 3 Tassen Apfelmus (Seite 62)
- 250 g Butter
- 1 Tasse brauner Zucker
- $^1/_4$ Tasse ungeschwefelte Melasse
- $^1/_4$ Tasse Honig
- 4 Tassen Weizenmehl
- 1 TL Backpulver
- 1 TL gemahlener Zimt
- 1 TL gemahlener Kardamom
- 1 TL frisch geriebene Muskatnuß
- 1 TL gemahlener Ingwer
- 1 TL Salz
- 450 g Rosinen
- 450 g getrocknete Birnen, grob gehackt
- $1^1/_2$ Tassen getrocknete Aprikosen, grob gehackt
- $1^1/_2$ Tassen entsteinte Datteln, grob gehackt
- $1^1/_2$ Tassen gehackte und geröstete Walnüsse und 1 Tasse Walnußhälften
- $1^1/_2$ Tassen geschälte, gehackte und geröstete Haselnüsse
- 1 Tasse Weinbrand

In einer großen Kasserolle das Apfelmus bei mittlerer Temperatur erhitzen. Die Butter löffelweise darunterrühren, bis sie vollständig aufgelöst ist. Das Apfelmus kurz aufkochen lassen, dabei ständig rühren.

Den Topf vom Herd nehmen und den braunen Zucker, die Melasse und den Honig unter das Apfelmus geben, rühren bis der Zucker aufgelöst ist. Nun die Mischung in eine große Schüssel geben und abkühlen lassen.

In einer anderen Schüssel Mehl, Backpulver, Zimt, Kardamom, Muskat, Ingwer und Salz durch ein Sieb streichen und die Mischung unter das Apfelmus rühren. Dann die getrockneten Früchte und die gehackten Nüsse sowie $^1/_2$ Tasse Weinbrand unterheben.

Den Teig auf vier gefettete und bemehlte Kastenformen (22 x 12,5 cm) verteilen und mit den Walnußhälften verzieren.

Den Kuchen in einem auf 135°C vorgeheizten Ofen $1^1/_2$ Stunden backen, bis an einem (in den Kuchen gesteckten) Holzspieß kein Teig mehr hängenbleibt. Den Kuchen in der Form auf einem Kuchengitter abkühlen lassen und dann auf ein anderes Kuchengitter stürzen, damit er vollständig erkalten kann.

Anschließend den Kuchen in Mulltücher wickeln und großzügig mit der restlichen $^1/_2$ Tasse Weinbrand bestreichen, bis sich die Tücher vollgesogen haben. Den Kuchen in Alufolie wickeln und an einem kühlen Ort mindestens 3–4 Monate ziehen lassen. Einmal im Monat mit Weinbrand bestreichen: das intensiviert den Geschmack.

Ergibt vier Kastenkuchen à 22 x 12,5 cm

Selbstgemachtes Apfelmus bildet einen wichtigen Bestandteil von Grace Stucks Früchtekuchen, der nach dem Backen mit Weinbrand bestrichen wird und einige Monate ruhen muß.

APFELMUS

Dieses Apfelmus wird ohne Zucker und Gewürze hergestellt; man kann es jedoch nachsüßen oder aromatisieren.

6 Tassen ungesüßter oder süßsaurer Apfelsaft
2,25 kg geviertelte Kochäpfel
1 Prise Salz

In einem großen Topf den Apfelsaft auf großer Flamme kochen, bis er um die Hälfte reduziert ist.

Die Apfelstücke und das Salz dazugeben, die Flüssigkeit erneut zum Kochen bringen und unter ständigem Rühren 45 Minuten simmern lassen, bis sich der Saft und die Apfelstücke zu einem Kompott verbinden.

Nun das Kompott durch ein feines Sieb streichen, um Schalen, Kerngehäuse und Kerne herauszufiltern. Das Apfelmus mit einer Schöpfkelle auf drei warme 1 Liter-Gläser verteilen. Die Gläser verschließen und zehn Minuten im kochendheißen Wasserbad einwecken. Die Klammern erst nach dem Erkalten der Gläser entfernen und die Verschlüsse kontrollieren.

Ergibt 3 Liter

GLASIERTE SCHWEINELENDCHEN MIT EINGELEGTEN ÄPFELN

Sie können statt der Äpfel in pikantem Apfelsaft auch getrocknete Apfelringe und süßen oder süßsauren Apfelsaft verwenden.

2 Knoblauchzehen
1 TL getrockneter und gestoßener Salbei
1 TL getrockneter und gestoßener Rosmarin
2,25 kg Schweinelendchen
2 EL Weizenmehl
Salz
2 EL Pflanzenöl
1 Zwiebel, geviertelt
2 Karotten
1 Liter Äpfel in pikantem Apfelsaft (siehe rechts), Äpfel abtropfen lassen und 2 Tassen des Saftes auffangen
1 Bündel Suppengrün mit Kräutern (Seite 237)
½ Tasse Sahne (38%)
1 EL Senfmehl
Frisch gemahlener Pfeffer

Die Knoblauchzehen mit Salbei und Rosmarin in einem Mörser zu einer weichen Paste stampfen. Das Fleisch mit einem scharfen Messer einritzen und mit der Paste füllen. Anschließend das Fleisch mit einem Küchenfaden zu einer gleichmäßigen Rolle binden und einige Stunden (oder über Nacht) im Kühlschrank stehen lassen.

Das Schweinefleisch mit Mehl und Salz würzen. In einem tiefen feuerfesten Schmortopf das Öl erhitzen, bis es sehr heiß ist, aber noch nicht raucht, und das Fleisch darin von allen Seiten anbraten. Danach das Fleisch auf einen Teller legen und das gesamte Fett bis auf 1 EL weggießen. Im restlichen Fett die Zwiebelstücke und die ganzen Karotten bei mittlerer Hitze leicht bräunen.

Nun 2 Tassen Apfelsaft dazugeben und aufkochen. Alle braunen und verbrannten Krümmel entfernen und das Fleisch zusammen mit dem Suppengrün in den Topf geben. Dann die Flüssigkeit erneut zum Kochen bringen und das Ganze bedeckt und bei mittlerer Hitze etwa 15 Minuten simmern lassen.

Anschließend die Kasserolle in einen auf 180 °C vorgeheizten Backofen schieben und das Fleisch schmoren, dabei häufig mit Fett übergießen. Nach einer Stunde die eingelegten Äpfel dazugeben und die Mischung ohne Deckel weitere 30 Minuten kochen. Häufig mit Fett begießen.

Das Fleisch auf ein Schneidebrett legen, mit Alufolie bedecken und 20 Minuten ruhen lassen. Die Äpfel mit einem Schaumlöffel auf einen Teller legen und warmhalten. Nun die Zwiebeln, die Karotten und das Suppengrün herausnehmen und wegwerfen.

Die Flüssigkeit in der Kasserolle auf die Hälfte einkochen. In einer kleinen Schüssel die Sahne mit dem Senfmehl verrühren und unter die eingedickte Flüssigkeit schlagen.

Mit frisch gemahlenem Pfeffer und Salz abschmecken, die Sauce durch ein Sieb in eine vorgewärmte Sauciere streichen.

Anschließend den Küchenfaden entfernen, das Schweinefleisch in ca. 0,5 cm dicke Scheiben schneiden und zusammen mit den Äpfeln auf einer Servierplatte reichen. Die Sauce separat servieren.

Für 6 Personen

ÄPFEL IN PIKANTEM APFELSAFT

Diese eingelegten Äpfel können kalt sehr gut zu Schinken und kaltem Schweinebraten gereicht werden, sie schmecken aber auch als warme Beilage zu Braten köstlich. Der gewürzte Apfelsaft dient einerseits zum Schmoren der Äpfel und andererseits – wenn er eingedickt ist – als Grundlage für eine Sauce.

4 Tassen süßsaurer Apfelsaft
2 Tassen Apfelessig
1 Scheibe frischer Ingwer, 1 cm dick
1 EL Pimentkörner
$2^1/_2$ Tassen Zucker
1,8 kg kleine Kochäpfel (mit Stielen)
3 Zimtstangen

In einem großen Edelstahltopf Apfelsaft, Essig, Ingwer, Pimentkörner und Zucker auf kleiner Flamme unter ständigem Rühren erhitzen, bis sich der Zucker aufgelöst hat. Nun den Sirup 10 Minuten aufkochen lassen.

Die Äpfel in den Sirup geben und 10 Minuten simmern. Mit einem Schaumlöffel die Äpfel auf drei warme 1 Liter-Gläser verteilen und in jedes Glas eine Zimtstange stecken. Den Apfelsaft noch 10 Minuten kochen lassen, durchseihen und in die Gläser füllen.

Die Gläser 15 Minuten im kochendheißen Wasserbad einwecken. Die Klammern erst nach dem Erkalten der Gläser entfernen und die Verschlüsse kontrollieren.

Ergibt 3 Liter

APFELPEKTIN-FOND

Die Schalen, die Kerne und das Fruchtfleisch von Koch- und Holzäpfeln enthalten eine große Menge Pektin, das den Früchten entzogen werden und so dazu beitragen kann, daß Konfitüren und Gelees aus pektinarmen Obstsorten fest werden. Am besten legen Sie sich im Herbst einen größeren Vorrat Apfelpektin-Fond an. Da Sie für 4 Tassen Fruchtmasse oder -saft $^1/_2$ Tasse Apfelpektin-Fond benötigen, sollten Sie Ihren Fond portionsweise einfrieren oder einwecken. Der Apfelpektin-Fond ist dann bis zu einem Jahr haltbar.

5,5 kg Koch- oder Holzäpfel oder
beide Sorten gemischt

Die Äpfel waschen, alle Blätter und Stiele entfernen, und die Äpfel – einschließlich Schale, Kerngehäuse und Kerne – grob hacken.

In einem großen Topf die Apfelstücke mit Wasser bedecken (3 Liter). Bei mäßiger Hitze zum Kochen bringen und ca. 20 bis 30 Minuten simmern, bis die Äpfel weich sind.

Die heiße Apfelmasse in ein feuchtes Safttuch gießen und 24 Stunden durchlaufen lassen.

Nun die Apfelflüssigkeit zum Kochen bringen und auf großer Flamme auf die Hälfte eindicken. Mit einer Pektinprobe (Seite 26) können Sie feststellen, ob die Flüssigkeit lange genug gekocht wurde (es sollte sich ein großer Klumpen bilden).

Den Apfelpektin-Fond in Tiefkühlbehälter oder in Gläser mit einer Füllmenge von 125–250 ml gießen. (Wenn Sie den eingedickten Fond vor dem Einfüllen in die Gefäße noch einmal durch ein feuchtes Safttuch seihen, erhalten Sie einen absolut klaren Fond.) Der in Gläser gefüllte Apfelpektin-Fond muß 5 Minuten im Wasserbad eingeweckt werden.

Ergibt 2,5 Liter

GETROCKNETE APFELRINGE

Diese Trocknungsmethode eignet sich für Äpfel, Birnen, Pfirsiche und Aprikosen. Die Dörrfrüchte können Sie entweder in getrockneter Form genießen oder in Wasser, Fruchtsaft und Wein einlegen und zu einem Kompott verarbeiten.

2 TL Salz
½ Tasse frisch gepreßter Zitronensaft
3–3,5 kg Kochäpfel

In einer großen Schüssel Salz und Zitronensaft in 1,5 Liter Wasser verrühren.

Die Äpfel schälen und das Kerngehäuse ausstechen (am besten nur mit kleinen Mengen arbeiten, da sich die Äpfel sonst leicht verfärben). Nun die Äpfel in ca. 5 mm dicke Ringe schneiden, in die Zitronensaftlösung legen und mindestens 10 Minuten darin einweichen lassen.

Anschließend die Ringe zum Abtropfen mit einem Schaumlöffel auf Küchenpapier legen und trockentupfen. Anschließend in einer Lage auf Kuchengitter verteilen, die mit einem doppeltgelegten Mulltuch bedeckt sind.

Die Kuchengitter mit den Apfelringen in den kalten Backofen schieben, und die Temperatur auf 50 °C einstellen. Sobald diese Temperatur erreicht ist, eine Gabel oder einen Löffel zwischen Backofen und Ofentür klemmen, damit der Backofen einen Spalt offen bleibt. Dann die Temperatur auf 60 °C erhöhen und die Apfelringe 4 bis 5 Stunden trocknen lassen (wenn man die Äpfel zusammendrückt, dürfen sie keine Feuchtigkeit mehr ausscheiden, sollten aber dennoch weich und biegsam sein). Die Früchte einige Stunden vollständig abkühlen lassen und in Glas- oder Metallbehälter geben, die mit Wachspapier ausgeschlagen sind.

Ergibt 900 g

Frühe Morgensonne über einem Spalierapfelbaum, der mehr als 100 Jahre alt sein soll.

APFELKOMPOTT MIT KARDAMOM

Für dieses erfrischende Apfelkompott nehmen Sie am besten eine säuerliche Apfelsorte; die Säure wird durch den braunen Zucker und den Apfelsaft gemildert. Sie können aber auch eine Mischung aus Fallobst und Holzäpfeln verwenden.

2,5–3,5 kg saure Äpfel
3 Tassen ungesüßter Apfelsaft
2 Tassen dicht gehäufter hellbrauner Zucker
1 EL gemahlener Kardamom
2 TL gemahlener Zimt
1 TL frisch geriebene Zitronenschale
1 Prise Salz

Die Äpfel mit Schale, Kerngehäuse und Kernen grob hacken und in einem großen Topf zusammen mit dem Apfelsaft auf kleiner Flamme langsam zum Kochen bringen; dabei ständig rühren. Bei mittlerer Hitze 30 Minuten kochen lassen, bis die Äpfel weich sind.

Nun die Äpfel durch ein Sieb passieren, Schalen, Kerngehäuse und Kerne entfernen und das Apfelkompott in einen großen sauberen Topf geben.

Den braunen Zucker, Kardamom, Zimt, Zitronenschale und Salz dazugeben und das Mus 30–40 Minuten simmern lassen, bis es eindickt.

Anschließend das Apfelkompott in warme Gläser füllen und die Gläser 10 Minuten im kochendheißen Wasser einwecken. Die Klammern erst nach dem Erkalten der Gläser entfernen und die Verschlüsse kontrollieren.

Ergibt 4–5 Tassen

APFELTORTE MIT APFELKOMPOTT

Mürbeteig für einen Tortenboden von 30 cm Durchmesser (Seite 234)

2 Tassen Apfelkompott mit Kardamom (siehe links)
3–4 Kochäpfel, geschält, entkernt und in dünne Scheiben geschnitten
½ Tasse Aprikosenkonfitüre (Seite 68)

Den Teig in die Obsttortenform geben, den Rand mit einer Gabel leicht einstechen und 30 Minuten kühlen. Dann den Teig mit Alufolie bedecken, die Form mit getrockneten Bohnen füllen und in einem auf 180 °C vorgeheizten Backofen 10 bis 12 Minuten blindbacken, bis der Teig fest und hellbraun ist. Die Bohnen entfernen und den Tortenboden leicht abkühlen lassen.

Das Apfelkompott auf den Tortenboden streichen und die Apfelscheiben zu einem dekorativen Muster arrangieren. Den Kuchen bei 180°C etwa 20–30 Minuten backen, bis die Äpfel weich sind und der Kuchen goldbraun ist, auf einem Kuchengitter vollständig abkühlen lassen.

Die Konfitüre durch ein Sieb in einen kleinen Topf passieren und auf kleiner Flamme flüssig werden lassen. Die Äpfel mit dieser Aprikosenglasur bestreichen.

Für 8 Personen

Mit eingelegten Früchten lassen sich schmackhafte selbstgebackene Kuchen herstellen. Hier sind folgende Torten zu sehen (im Uhrzeigersinn): Versunkener Kirschkuchen aus entsteinten Kirschen in Mandelsirup; Apfeltorte mit Apfelkompott; Kirschkuchen mit Teiggitter und Herzkirschenkonfitüre sowie frischen Äpfeln; Aprikosentorte mit Zuckerglasur (mit ganzen Aprikosen in Vanillesirup).

APRIKOSENTORTE MIT ZUCKERGLASUR

Süßer Mürbeteig für einen Tortenboden von 20–24 cm Durchmesser (Seite 234)

3 Tassen ganze Aprikosen in Vanillesirup, abgetropft (Seite 69)
$^1/_3$ Tasse Zucker

Den Teig in eine Obsttortenform von etwa 22 cm Durchmesser geben, den Rand mit einer Gabel einstechen und 20–30 Minuten kühlen. Dann den Teig mit Alufolie bedecken, die Form mit getrockneten Bohnen füllen und in einem auf 190 °C vorgeheizten Backofen 15 Minuten blindbacken, bis der Teig fest und hellbraun ist. Die Bohnen entfernen, den Ofen aber nicht ausschalten.

Die Aprikosen entsteinen und vierteln. Anschließend die dreieckigen Aprikosenstücke mit der Schnittfläche nach unten kreisförmig auf dem Tortenboden verteilen, mit etwas Zucker bestreuen und 15 Minuten bei 190 °C backen, bis die Aprikosen glasiert und leicht gebräunt sind.

Die Torte auf einem Kuchengitter abkühlen lassen und warm servieren.

Für 6–8 Personen

HUNZA-APRIKOSENHONIG

Diese Aprikosen stammen aus dem Hunza-Tal in Kaschmir und sind in Delikatessengeschäften oder Naturkostläden erhältlich. Im Gegensatz zu anderen getrockneten Aprikosen werden die pflaumengroßen Früchte nicht halbiert und entsteint. Ihr sehr süßer Geschmack läßt sich am besten mit einer Mischung aus Aprikosen und Pfirsichen vergleichen.

900 g getrocknete Hunza-Aprikosen
2 EL frisch gepreßter Zitronensaft
$^1/_2$ Tasse Honig

Die Aprikosen in einer großen Schüssel mit 4 Tassen kochendheißem Wasser mehrere Stunden einweichen, dann abtropfen lassen, entsteinen und grob hacken. Die Abtropfflüssigkeit auffangen.

Diese Flüssigkeit in einem großen Topf auf großer Flamme auf 2 Tassen Sirup einkochen, die Aprikosen und den Zitronensaft dazugeben und etwa 20–30 Minuten kochen, bis die Früchte weich sind.

Nun die Fruchtmischung mit Hilfe eines Holzlöffels durch ein Sieb passieren. Das Püree zusammen mit dem Honig wieder in den Topf geben und 10 Minuten kochen, bis der Fruchthonig so fest ist, daß er nicht mehr zusammenläuft, wenn man mit einem Löffel über den Boden fährt. Nach Geschmack süßen.

Den Aprikosenhonig in warme Gläser füllen, diese verschließen und im kochendheißem Wasserbad einwecken (Gläser bis zu 500 ml Füllmenge 5 Minuten und Gläser bis zu 1 Liter 10 Minuten). Die Klammern erst nach dem Erkalten der Gläser entfernen und die Verschlüsse kontrollieren.

Ergibt 1 Liter

APRIKOSENKONFITÜRE

Dieses Rezept zeigt Ihnen, wie Sie schnell und einfach eine köstliche Aprikosenkonfitüre zubereiten können. Verwenden Sie am besten Aprikosen, die noch nicht völlig reif sind, da diese eine schmackhaftere Konfitüre ergeben.

2,5 kg noch nicht ganz reife Aprikosen
ca. 1,25 kg Zucker
2 EL frisch gepreßter Zitronensaft

Die Aprikosen mit einem kleinen Messer vierteln und entsteinen. Drei Aprikosensteine öffnen und die Kerne beiseite legen. Die Früchte abwiegen und für 450 g Aprikosen ca. 225 g Zucker rechnen.

Den abgewogenen Zucker in einem großen Topf mit 1 Tasse Wasser und dem Zitronensaft verrühren und auf kleiner Flamme erhitzen, bis der Zucker geschmolzen ist. Den Sirup aufkochen lassen und die Aprikosen dazugeben. Den Sirup erneut zum Kochen bringen und die Aprikosen etwa 20 Minuten kochen, bis sie weich, aber nicht matschig sind.

Die Aprikosen mit einem Schaumlöffel auf drei warme, sterilisierte 1 Liter-Gläser verteilen, dabei die Gläser nur zu drei Viertel füllen.

Den Sirup auf großer Flamme 15 Minuten kochen, bis der Gelierpunkt erreicht ist.

Die drei Aprikosenkerne halbieren und auf die Gläser verteilen. Den kochenden Sirup über die Aprikosen gießen und die Gläser verschließen.

Ergibt 3 Liter

GANZE APRIKOSEN IN VANILLESIRUP

Diese Aprikosen schmecken vorzüglich als Tortenbelag auf einer Vanilleschicht. Sie können sie aber auch ohne jede Beilage servieren oder anstelle der Pfirsiche in dem Rezept ›Ganze eingelegte Pfirsiche mit Pistaziencreme‹ (Seite 131) verwenden.

2–2,5 kg noch nicht ganz reife Aprikosen
6 Tassen Zucker
½ Tasse frisch gepreßter Zitronensaft
2 Vanilleschoten, der Länge nach halbiert

Die Aprikosen in einen großen Topf mit kochendem Wasser legen, das Wasser wieder zum Kochen bringen und danach die Aprikosen in einer Schüssel mit kaltem Wasser abschrecken. Anschließend abtropfen und abkühlen lassen. Dann die Aprikosen häuten.

Wenn die Aprikosen abkühlen, den Zucker mit Zitronensaft und 2½ Tassen Wasser in einem Topf unter ständigem Rühren auf kleiner Flamme erhitzen, bis sich der Zucker auflöst. Nun den Sirup aufkochen, die Aprikosen dazugeben und den Sirup erneut zum Kochen bringen. Die Aprikosen 10 Minuten darin köcheln. Falls sich noch Reste der Aprikosenhaut abgelöst haben, diese entfernen.

Die Aprikosen mit einem Schaumlöffel auf zwei warme 1,5 Liter-Gläser verteilen und je zwei halbe Vanilleschoten dazugeben.

Den Sirup 5 Minuten auf großer Flamme eindicken und über die Aprikosen gießen. Die Gläser verschließen und 20 Minuten im kochendheißen Wasserbad einwecken.

Ergibt 3 Liter

Ganze Aprikosen in Vanillesirup schmecken pur vorzüglich. Sie können auch zu Plätzchen oder Teegebäck gereicht werden.

BROMBEERKONFITÜRE OHNE SAMENKÖRNCHEN

Diese Konfitüre aus Brombeeren und Zucker wird ohne Wasser zubereitet. Daher erhält man nur eine relativ geringe Menge Konfitüre, die dafür aber sehr aromatisch schmeckt.

2 kg noch nicht ganz reife Brombeeren
5 Tassen Zucker
$^1/_2$ Tasse Apfelpektin-Fond (Seite 63)

Die Brombeeren in einer großen Schüssel mit Zucker bestreuen und mindestens 8 Stunden (oder über Nacht) ziehen lassen.

Die Beeren in einem großen Topf auf kleiner Flamme zum Kochen bringen und simmern lassen, bis die Beeren weich sind.

Die Fruchtmasse durch ein feinmaschiges Sieb passieren, um die Samenkörnchen herauszufiltern, und das Fruchtfleisch zusammen mit dem Apfelpektin-Fond wieder in den Topf geben. Die Mischung umrühren und etwa 15 Minuten kochen lassen, bis der Gelierpunkt erreicht ist.

Die Konfitüre in warme, sterilisierte Gläser füllen und die Gläser verschließen.

Ergibt 5 Tassen

FESTES BROMBEERGELEE

Auch mit diesem Rezept erhält man nur eine relativ geringe Menge Gelee, das aber aufgrund der reifen Brombeeren sehr fest wird und besonders fruchtig schmeckt.

1,3 kg Kochäpfel, geschält, entkernt und grob gehackt
2,7 kg Brombeeren
ca. 4 Tassen Zucker
2 EL frisch gepreßter Zitronensaft

Die Äpfel mit 1 Tasse Wasser in einem großen Topf bei mittlerer Hitze unter ständigem Rühren 30 Minuten kochen, bis die Äpfel weich sind. Die Beeren dazugeben und die Mischung aufkochen; 30 Minuten simmern lassen, bis die Beeren und die Äpfel sehr matschig sind (eventuell Wasser dazugeben.) Nun die heiße Fruchtmasse in ein feuchtes Safttuch gießen und mindestens 12 Stunden (oder über Nacht) durchlaufen lassen.

Die passierte Fruchtflüssigkeit mit einem Meßbecher messen und für 1 Tasse Saft je $^1/_2$ Tasse Zucker berechnen. In einem großen Topf den Zucker mit dem Zitronensaft verrühren und auf kleiner Flamme erhitzen, bis sich der Zucker auflöst. Nun den Fruchtsaft dazugeben, die Mischung aufkochen und 15 Minuten unter ständigem Rühren kochen, bis der Gelierpunkt erreicht ist.

Das Gelee in warme, sterilisierte Gläser füllen und die Gläser verschließen.

Ergibt 1 Liter

PICKNICKKUCHEN MIT BROMBEERKONFITÜRE

Frischgebackener Biskuitkuchen und ein Glas selbstgemachte Konfitüre sind die idealen Zutaten für ein Picknick-Dessert. Der Kuchen wird noch feiner als der auf dem Foto, wenn Sie die Biskuitböden waagerecht halbieren und mit der (doppelten Menge) Brombeerkonfitüre zu einer vierschichtigen Biskuittorte zusammensetzen.

2 runde Biskuitkuchen von 22 cm Durchmesser (Seite 231)
$^3/_4$ Tasse Brombeerkonfitüre ohne Samenkörnchen (siehe links)
$^1/_4$ Tasse Zucker

Die Biskuitkuchen mit Marmelade bestreichen, zusammensetzen und mit Zucker bestreuen. In 8 Stücke schneiden.

Für 8 Personen

Vorhergehende Doppelseite: Wilde Taybeeren am Easton Grey House in Malmesbury, Wiltshire.
Links: Ein improvisierter Picknickkuchen mit Brombeerkonfitüre auf einer Bank am Rande eines Cricket-Feldes in Norfolk.

BROMBEER-ORANGEN-GELEE

Dieses Gelee gefällt bestimmt denjenigen, die einen reinen Brombeeraufstrich ohne Samenkörnchen bevorzugen; denn dieses klare, schwarze Gelee enthält nur noch wenige Samenkörnchen.

1,5 kg Brombeeren
500 g Kochäpfel, geschält und grob gehackt
1 EL frisch geriebene Orangenschale
$^1/_2$ Tasse frisch gepreßter Orangensaft
ca. $3^1/_2$ Tassen Zucker
Crème de Mûre oder ein anderer Brombeerlikör (nach Geschmack)

In einem großen Topf 1000 g Brombeeren, Kochäpfel, Orangenschale, Saft und $^1/_2$ Tasse Wasser langsam zum Kochen bringen und 30 Minuten köcheln lassen; Schaum abschöpfen. Die heiße Fruchtmasse in ein feuchtes Safttuch gießen und mindestens 12 Stunden (oder über Nacht) durchlaufen lassen.

Den passierten Fruchtsaft mit einem Meßbecher messen und für 2 Tassen Saft $1^1/_2$ Tassen Zucker berechnen. In einem großen Topf den Zucker mit dem Saft vermischen und unter ständigem Rühren auf kleiner Flamme erhitzen, bis sich der Zucker auflöst.

Die Fruchtmischung erneute aufkochen; die restlichen Brombeeren dazugeben und kochen lassen, bis der Gelierpunkt erreicht ist. Schaum abschöpfen.

Das Gelee in warme, sterilisierte Gläser füllen und eventuell mit einem Schuß *Crème de Mûre* versehen. Zum Schluß die Gläser verschließen.

Ergibt 1,5 Liter

BROMBEERLIKÖR

Im Südwesten Frankreichs serviert man diesen Likör mit Rotwein als Aperitif, während in Burgund der Kir – Weißwein mit einem Schuß schwarzem Johannisbeerlikör – bekannter ist. Brombeerlikör kann man aber auch sehr gut zum Aromatisieren von Obstsalaten und Schlagsahne nehmen.

1,5 kg Brombeeren, zusätzlich ein paar Brombeerblätter
1 Zimtstange, 7,5 cm lang
1 Gewürznelke
$1^1/_2$ Tassen Zucker
4 Tassen Obstwasser (Himbeergeist oder Kirschwasser)

Die Brombeeren in einem großen Steinguttopf vorsichtig mit der Rückseite eines Holzlöffels zerdrücken. Dann die restlichen Zutaten dazugeben und die vollständig bedeckten Beeren mindestens 6 Wochen ziehen lassen.

Die Flüssigkeit durch ein Sieb passieren, das mit einem feuchten Mulltuch doppelt ausgelegt ist. Den Brombeerlikör in Flaschen füllen.

Ergibt 1,5 Liter

Brombeeren, Johannisbeeren und andere weiche Früchte werden am besten mit der Vorfrostmethode eingefroren. Dazu friert man die einzelnen Beeren auf einem Tablett vor und füllt sie anschließend in Gefrierbeutel.

KÄSEKUCHEN MIT BLAUBEERSAUCE

Dieser Käsekuchen zählt seit Jahren zu meinen Erfolgsrezepten. Die Anleitung dafür stammt von meiner Mutter, und obwohl wir ihn zu Hause pur genossen haben, schmeckt er mit der Blaubeersauce ebenso köstlich.

- 125 g weiche Butter
- 1 Tasse Zucker
- 4 große Eier
- 1 EL Milch
- 1 EL Vanillemark
- 1 Tasse Weizenmehl
- 1 TL Backpulver
- ½ TL Salz
- 225 g weicher Sahnequark
- ½ Tasse saure Sahne
- 2 Tassen Blaubeersauce mit ganzen Blaubeeren (siehe rechts)

In einer Schüssel die Butter und ½ Tasse Zucker schaumig rühren, bis die Mischung locker und luftig ist. Nacheinander zwei Eier dazugeben; das erste Ei sollte vollständig verrührt sein, bevor man das zweite darunterschlägt. Milch und Vanillemark dazu geben. Mehl, Backpulver und Salz durch ein Sieb in eine andere Schüssel geben und unter den Teig ziehen. Den Teig beiseite stellen und die Käsekuchenfüllung vorbereiten.

Mit einem Schneebesen Sahnequark und saure Sahne in einer kleinen Schüssel verrühren, bis eine glatte Masse entsteht. Den restlichen Zucker und die beiden anderen Eier nacheinander dazugeben.

Den Teig in eine gefettete und bemehlte Obsttortenform von 20 cm Durchmesser füllen und mit einem Küchenspatel gleichmäßig auf Rand und Boden verteilen. Dann die Käsekuchenfüllung in die Form geben und den Kuchen 45 bis 50 Minuten auf der mittleren Schiene eines auf 180° C vorgeheizten Backofens backen, bis an einem (in den Kuchen gesteckten) Holzspieß kein Teig mehr hängen bleibt. Den Kuchen in der Form auf einem Kuchengitter auskühlen lassen.

Für den Kuchenbelag: Die Blaubeeren in ein Haarsieb gießen und ungefähr 1 Stunde abtropfen lassen. Die Sauce auffangen.

Den Kuchen aus der Form nehmen und auf eine Kuchenplatte legen. Nun den Boden mit den Beeren belegen, die Sauce separat in einer kleinen Schüssel reichen.

Für 8 Personen

Dieser Käsekuchen mit einer Sauce aus ganzen Blaubeeren wird vor dem Servieren mit ein wenig Puderzucker bestreut.

BLAUBEERSAUCE MIT GANZEN BLAUBEEREN

Eine schmackhafte Blaubeersauce ist stets willkommen: ob auf frischen Pfannkuchen, auf Waffeln oder als Beilage zu einer Schüssel mit Naturjoghurt. Diese Sauce eignet sich aber auch für einen Nachtisch. Man kann einen Käsekuchen damit belegen (siehe links) oder die Sauce unter selbstgemachtes Vanilleeis rühren.

- 1 Streifen getrocknete Organgenschale (Seite 129)
- 1½ Tassen Zucker
- 1,5 kg Blaubeeren

Die Orangenschale zusammen mit ¼ Tasse Zucker in einem Mixer mahlen.

Den Orangenzucker in einem großen Topf mit dem restlichen Zucker und 1½ Tassen Wasser unter ständigem Rühren auf kleiner Flamme kochen, bis sich der Zucker auflöst.

Den Sirup aufkochen und die Beeren dazugeben; die Flüssigkeit erneut zum Kochen bringen und die Blaubeeren ca. 1 Minute köcheln; dann den Topf vom Herd nehmen.

Die Blaubeeren mit einem Schaumlöffel auf vier warme ½ Liter-Gläser verteilen und den Sirup 10 Minuten auf großer Flamme leicht eindicken. Den Sirup in die Gläser gießen, die Gläser verschließen und 5 Minuten im Wasserbad einwecken. Die Klammern erst nach dem Erkalten der Gläser entfernen und die Verschlüsse kontrollieren.

Ergibt 2 Liter

KLASSISCHE BLAUBEEREN-KONFITÜRE

Frischgepflückte, aromatische Beeren lassen sich mit dieser Methode schnell und einfach zu einer köstlichen Beerenkonfitüre verarbeiten, die allerdings ein wenig dünnflüssig ausfallen kann.

1,5 kg Blaubeeren, kurz unter klarem Wasser abspülen
4 Tassen Zucker
1 TL frisch geriebene Zitronenschale
2 EL frisch gepreßter Zitronensaft

Die Blaubeeren in einem großen Topf 5 Minuten auf großer Flamme unter ständigem Rühren kochen und mit der Rückseite eines Holzlöffels vorsichtig zerdrücken. (Die Beeren werden nicht anbrennen, da noch genügend Feuchtigkeit vom Waschen vorhanden ist.)

Nun Zucker, Zitronensaft und Zitronenschale zu den Beeren geben und unter ständigem Rühren auf kleiner Flamme erhitzen, bis sich der Zucker auflöst. Dann die Hitze erhöhen und die Konfitüre 15 Minuten kochen lassen, bis der Gelierpunkt erreicht ist. Den Schaum sollten Sie abschöpfen, damit die Konfitüre appetitlich aussieht.

Danach den Topf vom Herd nehmen und 10 Minuten stehen lassen. Die Konfitüre in warme, sterilisierte Gläser füllen und die Gläser verschließen.

Ergibt 1,5 Liter

Frisch gepflückte Blaubeeren aus den Trehane Orchards in Dorset. Obwohl der saure Boden dieser Region zum Anbau von Blaubeeren ideal geeignet ist, wird diese Beerenart in England nur selten kultiviert. Die Sträucher erreichen eine Höhe von bis zu 1,80 m und können bei sorgfältiger Pflege und regelmäßigem Rückschnitt über 50 Jahre alt werden.

VERSUNKENER KIRSCHKUCHEN

Dieser klassische französische *Clafouti* wird aus frischen entsteinten Kirschen zubereitet. Das Originalrezept stammt aus dem französischen Limousin, das für seine Kuchen und Desserts bekannt ist. Statt der frischen Früchte wurden in diesem Rezept eingelegte Kirschen verwendet. Sie können aber auch andere kleine Obstsorten wie Aprikosen, Backpflaumen, Rosinen oder Zwetschgen nehmen.

2 große Eier, zusätzlich 1 großes Eigelb
2 Tassen Milch
$^1/_4$ Tasse Butter, geschmolzen und abgekühlt
$^1/_4$ Tasse Kristallzucker, zusätzlich 2 EL Kristallzucker
$^3/_4$ Tasse Weizenmehl
1 Prise Salz
2 Tassen entsteinte Kirschen in Mandelsirup (Seite 87)
Puderzucker zum Bestäuben

Die Eier, das Eigelb, Milch und Butter in einer großen Schüssel sorgfältig miteinander verrühren. $^1/_4$ Tasse Zucker, Mehl und Salz unter die Mischung heben.

Die Kirschen in einer gut gefetteten und mit dem restlichen Kristallzucker bestreuten Backform von 22 cm Durchmesser verteilen und den Teig über die Kirschen gießen.

Den *Clafouti* in einem auf 190 °C vorgeheizten Backofen 30 Minuten backen, bis der Teig aufgegangen und an der Oberfläche goldbraun ist, so daß an einem (in den Kuchen gesteckten) Holzspieß kein Teig mehr hängen bleibt. Den Kuchen vor dem Servieren 15 bis 20 Minuten abkühlen lassen. (Der *Clafouti* geht wie ein Soufflé auf und schrumpft während des Abkühlens wieder auf seine Originalgröße zusammen.) Den Kuchen mit Puderzucker bestäuben.

Für 6–8 Personen

KIRSCHKUCHEN MIT TEIGGITTER

Bei diesem Kuchen vermischt man die Kirschkonfitüre mit Kochäpfeln, damit der Kuchenbelag fester und weniger süß wird.

Mürbeteig für ein 30 x 20 cm großes Backblech (oder eine Obsttortenform von 30 cm Durchmesser, Seite 234)
2 EL Butter
2 Kochäpfel, geschält, entkernt und grob gehackt
2 EL frisch gepreßter Zitronensaft
$1\frac{1}{2}$ Tassen Herzkirschenkonfitüre (siehe rechts)
Eigelbmischung zum Bestreichen (2 EL Wasser mit 1 großen Eigelb verrühren)
Puderzucker zum Bestäuben

Dreiviertel der Teigmenge ausrollen, auf ein 30 x 20 cm großes Backblech legen und einen dekorativen Rand formen. Den Teig mit einer Gabel einstechen und 20 Minuten kühlen.

Die Butter in einer Schwenkpfanne bei mittlerer Hitze schmelzen, Zitronensaft dazugeben und die Äpfel in der Mischung goldbraun sautieren, bis alle Feuchtigkeit verdampft ist. Die Pfanne vom Herd nehmen, dann die Kirschkonfitüre unterrühren und den Kuchenbelag abkühlen lassen.

Den restlichen Teig 3 mm dick ausrollen und in 1 cm breite Streifen schneiden.

Die Füllung auf dem Teig verteilen, den Rand mit etwas Eigelbmischung bestreichen und die Teigstreifen in einem einfachen Gittermuster über die Füllung legen. Überstehenden Teig abschneiden und die Ränder zusammendrücken. Nun das Teiggitter mit der restlichen Eigelbmischung bestreichen und den Kuchen in einem auf 180 °C vorgeheizten Backofen 45 Minuten backen, bis das Gitter goldbraun ist. Den Kuchen leicht abkühlen lassen und mit Puderzucker bestäuben.

Für 6–8 Personen

HERZKIRSCHENKONFITÜRE

Da Kirschen zu den pektinarmen Obstsorten zählen, ist eigentlich jeder Versuch, sie ohne Pektinzusatz zu Konfitüre zu verarbeiten, zum Scheitern verurteilt. Am besten gibt man etwas vom natürlichen und neutralschmekkenden Apfelpektin-Fond zur Fruchtmasse. Sie können aber auch ein wenig rotes Johannisbeergelee verwenden (›Johannisbeerzauber‹ auf Seite 96), um den Geschmack abzurunden.

$4\frac{1}{2}$ Tassen Zucker
2 Tassen Apfelpektin-Fond (Seite 63)
2 kg Herzkirschen
2 EL Kirschwasser (nach Geschmack)

Den Zucker mit dem Apfelpektin-Fond in einem großen Topf schmelzen; gelegentlich umrühren.

Die Kirschen mit einem Kirschentsteiner aus dem Haushaltswarengeschäft entsteinen oder halbieren und die Kerne herausdrücken. Einige Kerne in ein Stück Mulltuch binden und mit einem Nudelholz zerstoßen; das Mullsäckchen in den Topf mit der Zuckerlösung geben.

Den Zuckersirup zum Kochen bringen und die Kirschen dazugeben; die Mischung erneut erhitzen und 15 Minuten kochen lassen, bis der Gelierpunkt erreicht ist; den Schaum abschöpfen. Die Konfitüre 15 Minuten abkühlen lassen und das Mullsäckchen mit den zerstoßenen Kirschkernen entfernen.

Nun das Kirschwasser unterrühren, die Konfitüre in warme, sterilisierte Gläser füllen und die Gläser verschließen.

Ergibt 1,5 Liter

Ein großer Topf leise köchelnder Herzkirschenkonfitüre auf einem traditionellen Herd.

GETROCKNETE KIRSCHEN

Getrocknete Kirschen sind erst seit ein paar Jahren im Handel erhältlich, obwohl das Verfahren keineswegs neu ist. Bereits Menons *La Cuisinière Bourgeoise* aus dem Jahre 1746 enthält eine Anleitung zum Trocknen ganzer Kirschen mit Kern und Stiel. Das Ergebnis ist sicher eindrucksvoll, dennoch ziehe ich es vor, die Kirschen zu entsteinen und den Stiel zu entfernen, damit man sie auch für weitere Rezepte verwenden kann. Getrocknete Kirschen werden in der Küche wie Rosinen eingesetzt: pur als Nascherei, in einem Plätzchen- oder Kuchenteig oder beispielsweise in Alkohol eingelegt und dann weiterverarbeitet.

2,5 kg Herzkirschen

Mehrere Kuchengitter mit feuchten Mulltüchern bedecken, die Kirschen mit einem Kirschentsteiner entsteinen oder halbieren und alle Kirschen oder Kirschhälften (mit den Schnittflächen nach oben) in einer Schicht auf den Kuchengittern verteilen.

Die Gitter in den kalten Backofen schieben und die Temperatur auf 50 °C einstellen. Sobald diese Temperatur erreicht ist, eine Gabel oder einen Löffel zwischen Backofen und Ofentür klemmen, damit der Backofen einen Spalt offen bleibt. Dann die Temperatur auf 60 °C erhöhen und die Kirschen 2 Stunden trocknen lassen.

Nun die Kirschen vorsichtig wenden und erneut 2 Stunden trocknen, bis sie zusammengeschrumpft sind und sich trocken anfühlen, wenn man sie zusammenpreßt.

Die Kirschen aus dem Backofen nehmen, auskühlen lassen und in Gläser oder luftdichte Dosen füllen.

Ergibt etwa 1 kg

Ein preisgekrönter Schattenmorellenbaum vor der Mauer des Gemüsegartens von Rodmarton Manor in Gloucestershire.

BISCOTTI AUS GETROCKNETEN KIRSCHEN UND GERÖSTETEN MANDELN

Meine Tante Evelyn hat sich schließlich doch von ihrem Rezept für dieses italienische gefüllte Gebäck getrennt, das sie vor über dreißig Jahren von ihrer italienischen Schwiegermutter erhalten hatte. Sicher würde es meiner Tante gar nicht gefallen, die kandierten Kirschen durch getrocknete zu ersetzen, aber ich finde, daß sie genauso wundervoll schmecken und dabei noch gesünder sind. *Biscotti* passen hervorragend zu süßem Wein, da sie selbst nicht sehr süß sind. So hat man für unerwarteten Besuch immer eine Kleinigkeit im Haus.

½ Tasse getrocknete Kirschen
(Seite 83)
2 EL Kirschwasser
125 g weiche Butter
1 Tasse Zucker
4 große Eier
1 Prise Vanillemark
3 Tassen Weizenmehl
1 gehäufter TL Backpulver
1 Prise Salz
1 Tasse ganze blanchierte Mandeln,
geröstet und grob gehackt
Eigelbmischung zum Bestreichen
(1 großes Eigelb mit einer Prise Salz
leicht verrühren)

Die Kirschen in einer Schüssel 1 Stunde in Kirschwasser einweichen.

Mit einer elektrischen Küchenmaschine die Butter und ½ Tasse Zucker schaumig schlagen, bis die Mischung locker und luftig ist. Nacheinander die Eier dazugeben; jedes Ei sollte vollständig verrührt sein, bevor man das nächste darunterschlägt. Nun das Vanillemark zur Mischung geben.

Mehl, Backpulver und Salz durch ein Sieb in eine andere Schüssel geben, vermischen und unter den Teig ziehen. Die Mandeln hinzufügen und den Teig zu einer Kugel formen. Mit einer Frischhaltefolie bedecken und 30 Minuten kühl stellen.

Nun den Teig vierteln. Die Arbeitsfläche mit 2 EL Zucker bestreuen und ein Viertel des Teiges zu einer 30 cm langen Wurst ausrollen (mit einem Durchmesser von ca. 3,5 cm). Dann mit der Handkante die Wurst der Länge nach leicht eindrücken und die entstandene Vertiefung mit 2 EL Kirschen füllen. (Falls die Kirschen das Kirschwasser nicht vollständig aufgesogen haben, sollten Sie sie trocken tupfen.) Die Teigwurst wieder zusammendrükken und ein paar mal hin und her rollen, damit sich die Vertiefung völlig verschließt. Die Teigrolle auf ein gefettetes Backblech legen.

Auch den restlichen Teig zu Würsten verarbeiten, mit Kirschen füllen und auf das Backblech legen.

Nun die Oberfläche der Teigrollen mit der Eigelbmischung bestreichen und die Würste in einem auf 190 °C vorgeheizten Backofen 20 Minuten backen, bis sie leicht goldbraun sind. Das Backblech auf ein Kuchengitter stellen und die Rollen 10 Minuten abkühlen lassen. Den Ofen währenddessen nicht ausschalten.

Die Rollen auf einem Schneidebrett in 1 cm dicke Scheiben schneiden und die *Biscotti* wieder auf das Backblech legen. 20 Minuten backen, bis sie goldbraun sind. Die *Biscotti* auf einem Kuchengitter auskühlen lassen und in luftdicht verschließbare Dosen füllen. Die *Biscotti* sind bis zu drei Wochen haltbar.

Ergibt 60 *Biscotti*

Für diese Biscotti aus getrockneten Kirschen und gerösteten Mandeln werden mit einer Kirschfüllung versehene Teigrollen goldbraun gebacken, dann in Scheiben geschnitten und ein zweites Mal gebacken. Die italienische Bezeichnung für dieses traditionelle Gebäck bedeutet wörtlich ›doppelt gebacken‹.

ENTSTEINTE KIRSCHEN IN MANDELSIRUP

Es lohnt sich immer, diese Kirschen im Haus zu haben, da man mit ihnen köstliche Kuchen- und Strudelfüllungen zubereiten oder sie als Garnierung für Eiscreme verwenden kann.

2 kg Schattenmorellen
4 Tassen Zucker

Die Kirschen vorsichtig entsteinen. Einige Kerne in ein Stück Mulltuch binden und mit einem Nudelholz zerstoßen.

Den Zucker mit 2 Litern Wasser in einer großen Kasserolle auf kleiner Flamme unter ständigem Rühren erhitzen, bis sich der Zukker auflöst. Nun das Mullsäckchen mit den zerstoßenen Kirschkernen dazugeben (die Kerne verleihen der Zuckermischung einen besonderen Mandelgeschmack), den Sirup aufkochen und 5 Minuten kochen lassen.

Die Kirschen in die Mischung geben, bei mittlerer Hitze 5 Minuten kochen und die Kirschen mit einem Schaumlöffel in warme Gläser füllen.

Den Sirup erneut 5 Minuten leicht eindikken. Das Mullsäckchen entfernen und den Sirup über die Kirschen gießen. Die Gläser verschließen und im kochendheißen Wasserbad einwecken (Gläser bis zu 500 ml Füllmenge 15 Minuten und Gläser bis zu 1 Liter 20 Minuten). Die Klammern erst nach dem Erkalten der Gläser entfernen und die Verschlüsse kontrollieren.

Ergibt 4 Liter

Diese frisch gepflückten Herzkirschen werden entsteint und zu Konfitüre verarbeitet.

WEISSE MOUSSE AU CHOCOLAT MIT HERZKIRSCHENKONFITÜRE UND SCHOKOLADENBLÄTTERN

Zu dieser Mousse au Chocolat schmecken auch Himbeerpüree (Seite 151) und eingelegte Früchte – beispielsweise ›Blutorangen in Minzsirup‹ auf Seite 129 oder ›Entsteinte Kirschen in Mandelsirup‹ (siehe links).

350 g weiße Schokolade
3 Tassen Sahne (38 %)
5 große Eigelb
½ Tasse Zucker
1 EL weiße gemahlene Gelatine
3–4 EL Kirschwasser
ca. ½ Tasse Herzkirschenkonfitüre (Seite 80)
16–20 Schokoladenblätter (Seite 88)

Die weiße Schokolade in kleine Stücke hakken, in einem Topf über siedendem Wasser vorsichtig schmelzen und abkühlen lassen.

2 EL Sahne in einem kleinen Gefäß beiseite stellen; die restliche Sahne steif schlagen und kühlen. Die 5 Eigelb in einer großen Schüssel schlagen, bis sie zähflüssig sind und eine helle Farbe aufweisen; nun den Zucker langsam darunterrühren. So lange verquirlen, bis eine dicke Masse entsteht.

In einer kleinen Schüssel die Gelatine mit 2 EL Wasser verrühren, 10 Minuten quellen lassen und unter Rühren ein wenig erwärmen, bis die Gelatine gelöst ist. Nun die 2 EL Sahne unter die Gelatine geben und zusammen mit dem Kirschwasser in die Eigelbmischung rühren. Dann die abgekühlte Schokolade und die Schlagsahne unter die Mischung ziehen und mindestens 8 Stunden (oder über Nacht) kühlen.

Aus der Mousse mit Hilfe von zwei Eßlöffeln Eier bilden: die Eßlöffel in eine Schüssel mit kochendheißem Wasser tauchen und einen Löffel voll Moussemasse zu einem Ei formen. Die Mousse-Eier auf Desserttellern arrangieren und mit einem Klacks Konfitüre und einigen dunklen Schokoladenblättern dekorieren.

Für 8–10 Personen

Für diesen besonderen Nachtisch wurden kleine, eiförmige Portionen weiße Mousse au Chocolat mit Herzkirschenkonfitüre auf Schokoladenblätter gesetzt. Man kann die Mousse auch mit Himbeer- oder Erdbeerpüree reichen.

SCHOKOLADENBLÄTTER

Für dieses Rezept benötigt man Kuvertüre oder Schokoladenüberzugsmasse, da diese nicht so schnell schmelzen wie Schokolade und ihre Blattform besser behalten.

100 g Zartbitterschokolade, vorzugsweise Kuvertüre
20 feste, ungiftige Blätter mit Stiel

Die Schokolade in einem Turmtopf über siedendem Wasser und unter ständigem Rühren schmelzen. Dann den Topf vom Herd nehmen.

Die Blätter auf einer Seite durch die Schokolade ziehen und darauf achten, daß keine Schokolade auf die andere Blattseite oder auf den Stiel gelangt. Nun die Blätter mit der Schokoladenseite nach oben auf Kuchengitter legen, die mit Wachspapier verkleidet sind. Die Blätter mindestens 30 Minuten kühlen, bis die Schokolade fest ist.

Die Blätter am Stiel festhalten und die Schokolade vorsichtig abziehen. Falls die Schokolade zu weich wird, die Blätter noch einmal kühlen.

Ergibt 24 Schokoladenblätter

SCHATTENMORELLEN IN KIRSCHWASSER

Schattenmorellen sind für ihre Säure und ihren dunkelroten Saft bekannt. Man nennt sie auch ›Kuchenkirschen‹, da sie sich gut in Koch- und Backrezepten verwenden lassen und ihr Geschmack durch Zucker noch intensiviert wird. Reichen Sie diese eingelegten Schattenmorellen zusammen mit etwas Kirschwasser in kleinen Dessertschalen oder füllen Sie damit Torten und Strudel.

2 kg Schattenmorellen mit einem 1 cm langen Stiel
ca. 3 Tassen Zucker
2 Zimtstangen, in jeweils drei Teile gebrochen
ein paar Muskatblüten
8 Tassen Kirschwasser

Die Kirschen zusammen mit dem Zucker (im Verhältnis 3:1) schichtweise in sechs 1/2 Liter-Gläser füllen.

In die Mitte der Gläser jeweils eine Muskatblüte und ein Stückchen Zimtstange stecken, die Kirschen mit Kirschwasser bedecken. Die Gläser verschließen und an einem kühlen, dunklen Ort mindestens 2 Monate ruhen lassen.

Ergibt 3 Liter

SCHATTENMORELLEN IN KIRSCHWASSER MIT SCHOKOLADEN-ÜBERZUG

Servieren Sie diese Kirschen mit Schokoladenüberzug doch einmal nach einem guten Essen zusammen mit einem starken, schwarzen Kaffee oder einem Mokka.

150 g Zartbitterschokolade, grob gehackt
1/4 Tasse Sahne (38 %)
1–2 EL Butter
24 Schattenmorellen in Kirschwasser (siehe oben), abgetropft

Die Schokolade mit der Sahne in einem kleinen Topf auf kleiner Flamme schmelzen. Den Topf vom Herd nehmen und 1 EL Butter unter die Schokoladenmasse rühren.

Ein Kuchengitter mit Wachspapier verkleiden. Die Kirschen am Stiel festhalten, in die Schokolade tauchen und auf das Kuchengitter setzen. Wenn die Schokoladenmasse zu fest wird, den Topf wieder auf den Herd stellen und die Schokolade zusammen mit einem zweiten EL Butter leicht erwärmen.

Die Kirschen ca. 2 Stunden kühlen, bis der Schokoladenüberzug fest ist. Die Kirschen sind (mit einer Folie abgedeckt) im Kühlschrank zwei Tage haltbar.

Ergibt 24 Kirschen mit Schokoladenüberzug

KASTANIENBROTAUFLAUF

Dieses gehaltvolle Winterdessert reicht man am besten warm mit einer heißen Vanille- oder Schokoladensauce.

8 Scheiben selbstgebackenes Weißbrot oder Brioche, ohne Kruste
60 g weiche Butter
1/2 Tasse Rosinen
1/2 Tasse fein gehackte Vollmilchschokolade
3 große Eier
2 Tassen Kastanienkonfitüre (Seite 90)
1 Tasse Milch
1 Tasse Sahne (38 %)
1/2 TL gemahlener Zimt
2 EL Weinbrand

Die Brotscheiben auf einer Seite mit Butter bestreichen und jede Scheibe in 2 Dreiecke schneiden. 8 Dreiecke mit der gebutterten Seite nach unten in eine quadratische Backform (20 x 20 cm) legen, die Brotschicht mit Rosinen und Schokolade bestreuen und mit den restlichen Dreiecken (gebutterte Seite nach unten) belegen.

Die Eier nacheinander unter die Kastanienkonfitüre rühren, dann Milch, Sahne, Zimt und Weinbrand dazugeben. Die Mischung über die Brote gießen, die Form abdecken und mindestens 8 Stunden (oder über Nacht) kühlen.

Die Backform in eine etwas größere Backform stellen und die zweite Form ungefähr bis zur Hälfte der ersten Form mit kochendem Wasser füllen. Den Auflauf im vorgeheizten Backofen (ca. 180 °C) auf mittlerer Schiene 45 Minuten backen, bis an einem (in den Auflauf gesteckten) Holzspieß kein Teig mehr hängen bleibt. Den Kastanienbrotauflauf in der Form auf einem Kuchengitter mindestens 20 Minuten abkühlen lassen.

Für 6 Personen

GANZE KASTANIEN IN VANILLESIRUP

Die meisten Eßkastaniensorten (*Castanea sativa*) werden im September reif. Im Handel sind zwar eingelegte Kastanien erhältlich, aber selbstzubereitete verleihen Ihren Gerichten eine ganz besondere Note. Sie eignen sich als Beilage zu pochierten Birnen und als Füllung für Crêpes oder Kastanien-Schokoladen-Soufflé (Seite 92).

1,5 kg frische Kastanien ohne Kapsel
2 Tassen brauner Zucker
1 Vanilleschote, der Länge nach halbiert
1 Tasse Weinbrand

Die Kastanien auf der abgeflachten Seite X-förmig einschneiden und auf einem großen Backblech in einem auf 190 °C vorgeheizten Backofen 20 bis 25 Minuten rösten, bis die Schale abplatzt und die Kastanien weich sind. Die Kastanien leicht abkühlen lassen, die Schale und das darunter sitzende papierartige Häutchen entfernen.

Den braunen Zucker mit 4 Tassen Wasser in einem großen Topf auf kleiner Flamme unter ständigem Rühren erhitzen, bis sich der Zucker auflöst. Nun die Zuckerlösung aufkochen und die Kastanien und die Vanilleschote dazugeben. Die Mischung wieder zum Kochen bringen, abkühlen und (abgedeckt) über Nacht stehen lassen.

Nun die Mischung erneut aufkochen und die Kastanien mit einem Schaumlöffel in warme Gläser füllen. Den Weinbrand auf die Gläser verteilen und die Kastanien vollständig mit Sirup bedecken. Die Gläser verschließen und 50 Minuten im kochendheißen Wasserbad einwecken. Die Klammern erst nach dem Erkalten der Gläser entfernen und die Verschlüsse kontrollieren.

Ergibt 2 Liter

KASTANIENKONFITÜRE

Dieser dicke Brotaufstrich schmeckt köstlich zu Obsttörtchen, Soufflés oder Kastanienbrotauflauf (Seite 89).

1,8 kg frische Kastanien ohne Kapsel
3 Tassen brauner Zucker
1 Tasse milder Honig
1 Vanilleschote, der Länge nach halbiert

Die Kastanien auf der abgeflachten Seite X-förmig einschneiden und auf einem großen Backblech in einem auf 180 °C vorgeheizten Backofen 45 Minuten rösten, bis die Schale sich nach hinten aufrollt und die Kastanien ganz weich sind. Die Kastanien abkühlen lassen, die Schale und das darunter sitzende papierartige Häutchen enttfernen.

Den braunen Zucker mit ½ Tasse Wasser in einem großen Topf auf kleiner Flamme unter ständigem Rühren erhitzen, bis der Zucker schmilzt. Nun den Honig und die Vanilleschote dazugeben und das Ganze aufkochen. Die Kastanien hinzufügen und 15 Minuten simmern lassen, bis sie auseinanderbrechen.

Die Vanilleschote entfernen und 1 Tasse Kastanienmischung in einer Schüssel beiseite stellen. Die restlichen Kastanien mit einem Mixer pürieren und mit den ganzen Kastanien vermischen.

Die Konfitüre in Gläser füllen, die Gläser verschließen und im kochendheißen Wasserbad einwecken (Gläser bis zu 500 ml Füllmenge 10 Minuten und Gläser bis zu 1 Liter 15 Minuten). Die Klammern erst nach dem Erkalten der Gläser entfernen und die Verschlüsse kontrollieren.

Ergibt 1 Liter

Für dieses Kastanien-Schokoladen-Soufflé werden die Förmchen mit Butter eingefettet und mit Zucker bestreut, bevor man den Boden der Form mit Stücken von eingelegten Kastanien bedeckt.

Soufflés werden mit zwei Löffeln serviert. Damit öffnet man die knusprige, krosse Kruste, um zur Mitte vorzustoßen, die sahnig und wie eine Sauce beschaffen sein sollte.

KASTANIEN-SCHOKOLADEN-SOUFFLÉ

$^1/_2$ Tasse Kristallzucker
1 Tasse ganze Kastanien in Vanillesirup (Seite 90), abgetropft
100 g ungesüßte Schokolade, in Stücke gebrochen
1 Tasse frische Milch
4 EL Butter
3 EL Weizenmehl
6 große Eier, getrennt
Puderzucker

Zwei Souffléformen mit einer Füllmenge von 625 ml (oder sechs Formen mit 250 ml Füllmenge) einfetten und mit Zucker bestreuen. Die Kastanien halbieren und auf die Formen verteilen.

Die Schokolade mit der Milch in einem kleinen Topf unter ständigem Rühren auf kleiner Flamme schmelzen.

In einem großen Topf die Butter heiß werden lassen, das Mehl hineinrühren und die Mehlschwitze 2 Minuten auf kleiner Flamme unter ständigem Rühren kochen. Sobald die Mehlschwitze zu schäumen beginnt, die Schokoladenmischung langsam unterziehen. Das Ganze bei mittlerer Hitze unter ständigem Rühren 5 bis 10 Minuten kochen, bis die Masse dick wird. Den Topf vom Herd nehmen und die Masse erkalten lassen, dann die sechs Eigelb nacheinander unter die Masse schlagen.

Das Eiweiß steif schlagen. Vorsichtig sechs Eßlöffel Kristallzucker dazugeben und diese Baisermasse sehr fest schlagen. Nun die Schokoladenmasse mit ein wenig Baisermasse auflockern und anschließend langsam unter die restliche Baisermasse ziehen. (Nicht zu stark verrühren, da die Baisermasse sonst zusammenfällt.)

Die Souffléformen zu drei Vierteln füllen und in einem auf 200 °C vorgeheizten Backofen 18–20 Minuten (625-ml-Form), bzw. 10–12 Minuten (250-ml-Form) backen, bis das Soufflé aufgeht und fest wird. Zum Schluß mit Puderzucker bestäuben.

Für 4–6 Personen

GETROCKNETE PREISELBEEREN

Preiselbeeren können im Ofen bei niedrigen Temperaturen problemlos getrocknet werden. Dabei schrumpfen die Beeren ungefähr auf die Hälfte ihrer Originalgröße zusammen, wobei sie verblüffend süß werden. Man kann die getrockneten Preiselbeeren dann wieder in etwas Flüssigkeit - wie Orangensaft oder Wein - einweichen und für Muffins, Brotteig, Obstkuchen und Törtchen verwenden. Die getrockneten Beeren schmecken pur aber genauso gut.

1,5 kg frische Preiselbeeren

Mehrere Kuchengitter mit feuchten Mulltüchern bedecken und die Preiselbeeren in einer Schicht darauf verteilen.

Die Gitter in den kalten Backofen schieben und die Temperatur auf 50 °C einstellen. Sobald diese Temperatur erreicht ist, eine Gabel oder einen Löffel zwischen Backofen und Ofentür klemmen, damit der Backofen einen Spalt offen bleibt. Dann die Temperatur auf 60 °C erhöhen und die Preiselbeeren etwa 2 Stunden trocknen lassen.

Nun die Früchte vorsichtig wenden und erneut 2 Stunden trocknen, bis sie zusammengeschrumpft sind und sich trocken anfühlen, wenn man sie zusammenpreßt.

Die Preiselbeeren aus dem Backofen nehmen, auskühlen lassen und in Gläser oder luftdichte Dosen füllen.

Ergibt 600–750 g

Der Garten von Deans Court, Dorset.

FRUCHTKONFEKT MIT PREISELBEEREN, BIRNEN UND PEKANNÜSSEN

Reichen Sie dieses Fruchtkonfekt zu kalten Geflügelresten oder verwenden Sie es zum Garnieren von Eiscreme.

450 g Preiselbeeren
2 kg noch nicht ganz reife Birnen, geschält, entkernt und grob gehackt
2 Orangen, geschält, entkernt und grob gehackt
5 Tassen dicht gehäufter hellbrauner Zucker
1 TL gemahlener Zimt
$^1/_4$ TL gemahlener Kardamom
2 Tassen Muskatellerrosinen
225 g Pekannüsse, grob gehackt

Alle Zutaten – außer den Nüssen – mischen und über Nacht stehen lassen. Die Früchte kochen und 30 Minuten simmern lassen. Die Mischung aufkochen und 15 Minuten kochen lassen. Dann 15 Minuten abkühlen lassen.

Die Pekannüsse unter die Masse rühren, das Fruchtkonfekt in warme, sterilisierte Gläser füllen und die Gläser verschließen.

Ergibt 2 Liter

PREISELBEER-NEKTAR

Fruchtnektare schmecken sowohl pur als auch mit Mineralwasser verdünnt.

- 2,5 kg Preiselbeeren
- 2 Tassen Zucker
- $^1/_4$ Tasse frisch gepreßter Zitronensaft

Die Beeren mit 2 Tassen Wasser in einen großen Topf geben, das Wasser zum Kochen bringen und die Früchte 15 bis 20 Minuten simmern lassen, bis sie aufplatzen. Die Fruchtmasse durch ein Sieb in eine große Schüssel streichen.

Zucker mit 4 Tassen Wasser und Zitronensaft erhitzen, bis sich der Zucker auflöst.

Das Preiselbeerpüree und den Zuckersirup in einem anderen Topf mischen und den Nektar auf kleiner Flamme aufkochen lassen.

Den Nektar in warme $^1/_2$ Liter-Gläser füllen, die Gläser verschließen und im kochendheißen Wasserbad 15 Minuten einwecken. Die Klammern erst nach dem Erkalten der Gläser entfernen und die Verschlüsse kontrollieren.

Ergibt 3 Liter

Der Gemüsegarten von Hope End, Ledbury

MANDELCREMETORTE MIT GETROCKNETEN PREISELBEEREN

Servieren Sie diese Torte doch einmal im Winter mit Schlagsahne oder Vanilleeis.

2 Tassen getrocknete Preiselbeeren (Seite 93)
5 EL Kirschwasser
Mürbeteig für eine Obsttortenform von 30 cm Durchmesser (Seite 234)
6 EL weiche Butter
½ Tasse Zucker, zusätzlich 2 EL Zucker
1 großes Ei, geschlagen
1 großes Eigelb
1 Tasse blanchierte Mandeln, fein gemahlen
2 EL Weizenmehl
½ Tasse Aprikosenkonfitüre (Seite 68)

Die getrockneten Preiselbeeren mit 4 EL Kirschwasser beträufeln und 1 Stunde einweichen.

Den Teig in eine Springform von 22–25 cm Durchmesser geben, den Rand mit einer Gabel einstechen und 30 bis 45 Minuten kühlen. Dann den Teig mit Alufolie bedecken, die Form mit getrockneten Bohnen füllen und in einem auf 200 °C vorgeheizten Backofen 10–12 Minuten blindbacken, bis der Teig fest und hellbraun ist. Die Bohnen entfernen und den Tortenboden auf einem Kuchengitter auskühlen lassen. Den Backofen auf 180 °C vorheizen.

Die weiche Butter schaumig rühren, langsam ½ Tasse Zucker hinzufügen und die Mischung schlagen, bis sie locker und luftig ist. Nun nacheinander das Ei und das Eigelb darunterrühren, das restliche Kirschwasser, die Mandeln und das Mehl hinzufügen. Den Tortenboden mit der Mandelcreme füllen.

Die Preiselbeeren abtropfen lassen, trokkentupfen und auf die Mandelcremeschicht legen.

Die Torte bei 180 °C 10 Minuten backen, dann mit dem restlichen Zucker bestreuen und weiter backen, bis die Mandelcreme goldbraun wird und sich fest anfühlt. Die Torte in der Springform auf einem Kuchengitter abkühlen lassen, den Rand der Springform abnehmen und die Mandelcremetorte auf eine Kuchenplatte legen.

Die Aprikosenkonfitüre durch ein Sieb streichen und in einem kleinen Topf auf kleiner Flamme erhitzen, bis sie dünnflüssig wird. Die Oberfläche der Torte mit der Konfitüre glasieren und am besten zimmerwarm servieren.

Für 6–8 Personen

JOHANNISBEERZAUBER

Die langjährige Direktrice der Cordon-Bleu-Kochschule in Paris, Mme. Brassard, hat mir ihr Geheimnis zur Herstellung eines roten Johannisbeergelees anvertraut. Ihre Methode kommt ohne Kochen aus und erzielt ein kristallklares Gelee mit einem wundervoll erfrischenden Fruchtaroma. In Frankreich verwendet man Gelee aus roten Johannisbeeren häufig als Glasur für Obsttorten mit roten Früchten.

2,5–3 kg rote Johannisbeeren
ca. 4½ Tassen Zucker

Die Johannisbeeren in einem Mixer pürieren, die Fruchtmasse in ein feuchtes Safttuch gießen und mindestens 12 Stunden (oder über Nacht) durchlaufen lassen.

Den passierten Fruchtsaft mit einem Meßbecher messen und auf 2 Tassen Saft 1½ Tassen Zucker berechnen. In einem großen Topf Zucker und Saft vermischen und kräftig mit einem Holzlöffel durchrühren, bis sich der Zucker vollständig aufgelöst hat und die Masse leicht steif ist. (Mme. Brassard empfahl einen ›Arbeitsplatz‹ an der Sonne, aber selbstverständlich erzielt man auch bei bewölktem Himmel oder im Haus gute Ergebnisse.)

Das Gelee in sterilisierte Gläser füllen und die Gläser verschließen. An einem kühlen, dunklen Ort ist das Gelee bis zu sechs Monaten haltbar und im Kühlschrank sogar noch länger.

Ergibt 2 Liter

ROSA GELEE

In Bar-le-Duc (Frankreich) gibt es ein berühmtes Gelee aus weißen Johannisbeeren, bei dem die entkernten Beeren in einem klaren Gelee aus dem Fruchtsaft weißer Johannisbeeren schweben. Die Kerne werden traditionell mit der Spitze eines Gänsekiels entfernt.

Dieses klassische französische Gelee gab den Anstoß zum folgenden Rezept, das aber weniger arbeitsintensiv ist als die oben beschriebene Methode. Unser Gelee erhält durch die roten Johannisbeeren eine interessante rosarote Farbe.

2 kg weiße Johannisbeeren
ca. 4 Tassen Zucker
$^1/_4$ Tasse frisch gepreßter Zitronensaft
2 Tassen rote Johannisbeeren, ohne Stiele und Stengel

Die weißen Johannisbeeren mit 2 Tassen Wasser in einen großen Topf geben, das Wasser auf kleiner Flamme zum Kochen bringen und die Beeren 15 bis 20 Minuten simmern lassen, bis sie aufplatzen.

Die heiße Fruchtmasse in ein feuchtes Safttuch gießen und mindestens 12 Stunden (oder über Nacht) durchlaufen lassen.

Den Fruchtsaft mit einem Meßbecher messen und auf 2 Tassen Saft 1 Tasse Zucker berechnen. In einem großen Topf den Zucker mit dem Zitronensaft vermischen und unter ständigem Rühren auf kleiner Flamme erhitzen, bis sich der Zucker auflöst. Den Sirup bei mittlerer Hitze aufkochen und den Johannisbeersaft dazugeben und die Mischung erneut 5 Minuten kochen lassen, bis der Gelierpunkt erreicht ist. Den Schaum abschöpfen und das Gelee 10 Minuten ruhen lassen.

Nun die roten Johannisbeeren vorsichtig unterrühren. Das Gelee in warme, sterilisierte Gläser füllen und die Gläser verschließen.

Ergibt 2 Liter

Reife rote und weiße Johannisbeeren auf Rodmarton Manor, Gloucestershire.

SCHWARZE JOHANNISBEERENPASTE

Verlockende Fruchtpasten aus Quitten, schwarzen Johannisbeeren und Reineclauden (im Uhrzeigersinn).

Fruchtgelees oder Fruchtpasten werden aus dem konzentrierten Fruchtfleisch verschiedener Früchte mit hohem Zuckergehalt bereitet. Dazu zählen beispielsweise rote Johannisbeeren, Brombeeren, Himbeeren, Aprikosen, Quitten und Pflaumen.

1,5 kg schwarze Johannisbeeren
2 EL frisch gepreßter Zitronensaft
ca. 3 Tassen feinster Zucker
Kristallzucker zum Bestreuen der Fruchtpaste

Die schwarzen Johannisbeeren und den Zitronensaft in eine große Schüssel geben. Die Beeren mit der Rückseite eines Holzlöffels zerdrücken, die Schüssel abdecken und über Nacht stehen lassen.

Die Beeren auf kleiner Flamme zum Kochen bringen und 15 bis 20 Minuten simmern lassen, bis die Früchte völlig weich sind.

Nun die Beeren durch ein feinmaschiges Sieb streichen, das passierte Püree mit einem Meßbecher messen und auf 2 Tassen Püree 1 Tasse feinsten Zucker berechnen. Johannisbeerpüree und Zucker auf kleiner Flamme erhitzen, bis sich der Zucker auflöst. Dann die Fruchtmasse aufkochen und 30 Minuten kochen lassen, bis die Mischung sehr dick ist und sich leicht vom Topfrand löst.

Ein großes, rechteckiges Backblech (etwa 26 x 39 x 2,5 cm) mit kaltem Wasser ausspülen, abtropfen lassen, aber nicht abtrocknen. Die Fruchtmasse auf dem Blech verteilen, glattstreichen und, mit einer Folie bedeckt, über Nacht stehen lassen.

Die Arbeitsfläche großzügig mit Kristallzucker bestreuen, darauf die Fruchtpaste legen und in Quadrate von 3,5 cm Kantenlänge schneiden. Anschließend die Fruchtecken in Kristallzucker wälzen und auf einem Kuchengitter einige Tage trocknen lassen.

Die Fruchtecken schichtweise mit einem Stück Wachspapier in luftdicht verschließbare Dosen packen.

Ergibt 24 Fruchtquadrate von 3,5 cm Kantenlänge

CRÈME DE CASSIS

Crème de Cassis ist der Name eines berühmten Fruchtsaftlikörs aus schwarzen Johannisbeeren, mit dem unter anderem der bekannte Aperitif Kir gemischt wird: Ein »Bourgogne Aligoté« (herber Weißwein aus Burgund) mit einem Spritzer Cassis. Für den Cassis werden die Johannisbeeren in *Eau-de-vie de Marc* eingeweicht, einem Branntwein, der aus den Preßrückständen der Weinmaische (Trester) gebrannt wird. Die bekanntesten sind »Marc de Champagne« und »Marc de Bourgogne«. Sie können aber auch eine italienische Grappa verwenden, bei der es sich ebenfalls um einen Branntwein aus Weintrester handelt.

1 kg schwarze Johannisbeeren, zusätzlich
3–4 Johannisbeerblätter
1 Gewürznelke
1 Zimtstange, 7,5 cm lang
2 Tassen Zucker
1 l *Eau-de-vie de Marc*

Die schwarzen Johannisbeeren mit den Blättern, der Gewürznelke, der Zimtstange, dem Zucker und dem *Eau-de-vie de Marc* in ein 2 Liter-Glas geben und einen Monat einweichen lassen. In der ersten Woche das Glas hin und wieder umdrehen, damit sich der Zucker besser verteilt.

Die Fruchtmischung durch ein feines Sieb in eine Schüssel streichen. Dann den passierten Fruchtsaft durch ein feuchtes Safttuch laufen lassen. Den Sirup in dekorative Gläser oder Flaschen füllen und an einem kühlen Ort aufbewahren.

Ergibt etwa 2 Liter *Crème de Cassis*

Am Waldrand gepflückte schwarze Johannisbeeren.

APFEL-HOLUNDERBEEREN-GELEE

Aus Holunderbeeren läßt sich ein wundervoll klares, dunkles Gelee herstellen, das aber mit pektinreichen Äpfeln oder Holzäpfeln zubereitet werden sollte. Das Gelee schmeckt köstlich auf Muffins oder Toast; es eignet sich aber auch als Grundlage für eine pikant gewürzte Sauce. So können Sie beispielsweise nach dem Sautieren von Wildbret, Entenbrust oder einem anderen fettreichen Fleisch den Bratensatz in der Kasserolle mit einem Eßlöffel Gelee ablöschen und die Sauce mit einem Schuß Rotwein oder etwas Fond und einem Löffel Sahne abrunden.

1 kg Koch- oder Holzäpfel, geschält und grob gehackt
1 kg reife Holunderbeeren
ca. 3 Tassen Zucker
2 EL frisch gepreßter Zitronensaft

In einem großen Topf Äpfel und Holunderbeeren mit Wasser bedecken und langsam zum Kochen bringen. Diese Mischung etwa 20 bis 25 Minuten simmern lassen, bis die Früchte sehr weich sind.

Die heiße Fruchtmasse in ein feuchtes Safttuch gießen und mindestens 12 Stunden (oder über Nacht) durchlaufen lassen.

Den passierten Fruchtsaft mit einem Meßbecher messen und auf 2 Tassen Saft 1 Tasse Zucker berechnen. In einem großen Topf den Zucker mit dem Zitronensaft vermischen und auf kleiner Flamme erhitzen, bis sich der Zukker auflöst und leise zu brodeln beginnt. Nur gelegentlich umrühren. Den Fruchtsaft dazugeben und erneut aufkochen. 15 Minuten kochen lassen, bis der Gelierpunkt erreicht ist; dabei den Schaum abschöpfen.

Das Gelee in warme, sterilisierte Gläser füllen und die Gläser verschließen.

Ergibt 3 Liter

Ein Kupferkessel mit kleingeschnittenen Äpfeln und Holunderbeeren.

CRÊPES MIT FEIGENKONFITÜRE UND CHARTREUSE-CREME

Luftige, gebutterte Crêpes werden mit einer Konfitüre aus frischen Feigen und Weintrauben bestrichen, zusammengerollt und mit einem Schuß Chartreuse verte versehen. Auch die Eiercreme erhält einen kräftigen Schluck dieses französischen Kräuterlikörs. Die Karthäuser-Mönche des Klosters Grande Chartreuse stellten diesen berühmten Likör nach einem Geheimrezept aus feinem Weinbrand, Honig und Kräutern her.

6 große Eigelb
$^1/_2$ Tasse Kristallzucker
2 Tassen heiße Milch
3–4 EL Chartreuse verte
2 Tassen Konfitüre aus frischen Feigen und reifen Weintrauben (Seite 104)
Crêpes (Seite 229)
2 EL Butter, in kleine Stücke geschnitten
2 EL brauner Zucker

Die 6 Eigelb mit dem Zucker in einer Schüssel schaumig schlagen, bis die Mischung dick

wird und eine helle Farbe aufweist. Nun langsam die Milch unter die Mischung rühren. Die Eiercreme in einen kleinen Topf geben und unter ständigem Rühren 7–8 Minuten auf kleiner Flamme kochen lassen, bis die Creme eindickt. 2 EL Chartreuse verte darunterziehen, die Creme durch ein Sieb passieren und in einer Sauciere beiseite stellen. Die Sauciere sofort mit Frischhaltefolie bedecken.

Eine Crêpe mit etwas Feigenkonfitüre bestreichen und locker zusammenrollen oder durch zweifaches Zusammenlegen zu einem Dreieck falten. Auch die restlichen Crêpes füllen und zusammenrollen. Das Rezept läßt sich im voraus zubereiten, und die Crêpes können einige Stunden aufbewahrt werden.

Jetzt die Crêpes nebeneinander in eine gefettete Gratin-Form legen und mit 1–2 EL Chartreuse verte betropfen. Dann die Crêpes mit Butterflöckchen und braunem Zucker bestreuen und in einem auf 180 °C vorgeheizten Backofen 15 bis 20 Minuten überbacken, bis der Zucker leicht karamelisiert. Dazu die Chartreuse-Creme reichen.

Für 8–10 Personen

KONFITÜRE AUS FRISCHEN FEIGEN UND REIFEN WEINTRAUBEN

Diese Konfitüre ist durch und durch provençalisch. Das erste Mal habe ich sie während eines Herbstaufenthalts in Südfrankreich zusammen mit Richard Olney bereitet. Damals hingen die Weinstöcke, die den Eßbereich im Freien schützend umgaben, voller tiefblauer Weintrauben (eine alte Sorte namens Jaquet), und wir erhielten von unserem sehr zuvorkommenden Nachbarn Henri täglich eine solche Menge kleiner braunhäutier Feigen, daß wir sie gar nicht alle frisch verzehren konnten. Also beschlossen wir, nach einem alten provençalischen Rezept die Feigen und die Trauben zu einer Konfitüre zu verarbeiten. Zu einer Zeit, in der Zucker noch Mangelware war, ließ man Traubensaft stark einkochen und verwendete ihn als Zuckerersatz. Der natürliche Zuckergehalt der Trauben ist zwar sehr hoch, dennoch empfiehlt es sich, die Gläser im Wasserbad einzuwecken, damit die Konfitüre länger haltbar ist.

2,25–2,5 kg kleine reife Feigen
2,7 kg Trauben, vorzugsweise Trauben, die zu Rotwein gekeltert werden (blaue Tafeltrauben eignen sich aber genauso gut)
mehrere Zweige frischen Thymians

Die zähe Haut um die Stengel der Feigen entfernen und die Feigen beiseite legen.

Die Trauben von den Stielen lösen und (falls Sie genügend Geduld und Kraft haben) direkt durch ein Sieb passieren. Sie können sie aber auch in einem Mixer pürieren und das Fruchtfleisch durch ein Sieb streichen.

Den passierten Fruchtsaft zusammen mit den Feigen und dem Thymian in einen großen Topf geben, langsam erhitzen und 10 Minuten kochen lassen. Gelegentlich umrühren. Die Feigen mit einem Schaumlöffel in ein großes Sieb legen.

Den Traubensaft erneut aufkochen und 5 Minuten leicht eindicken lassen. Die Feigen und den durch das Sieb getropften Saft wieder dazugeben und weitere 10 Minuten kochen.

Diesen Vorgang so lange wiederholen, bis die Feigen weich sind, wenn man sie mit der Spitze eines Messers einsticht. Die Feigen ein letztes Mal in ein Sieb legen und den Traubensaft einkochen lassen, bis der Gelierpunkt erreicht ist. Den Thymian entfernen.

Die Feigen in warme Gläser füllen und mit dem Traubensirup vollständig bedecken. Die Gläser verschließen und im kochendheißen Wasserbad 15 Minuten einwecken (Gläser bis zu 500 ml Füllmenge 5 Minuten und Gläser bis zu 1 Liter 10 Minuten). Die Klammern erst nach dem Erkalten der Gläser entfernen und die Verschlüsse kontrollieren.

Ergibt 3 Liter

ROTES STACHELBEERGELEE MIT HOLUNDERBLÜTEN

Wenn die Stachelbeersaison im Juni ihren Höhepunkt erreicht, blühen auch die süßduftenden Holunderblüten, die dem Stachelbeergelee eine ganz besondere Note verleihen.

2,5 kg rote Stachelbeeren
ca. 4 Tassen Zucker
$^1/_4$ Tasse frisch gepreßter Zitronensaft
10–12 Holunderblüten

Die Stachelbeeren mit 2 Tassen Wasser in einem großen Topf 45 Minuten leise köcheln lassen, bis die Beeren sehr weich sind.

Die heiße Fruchtmasse in ein feuchtes Safttuch gießen und mindestens 12 Stunden (oder über Nacht) durchlaufen lassen.

Den passierten Fruchtsaft mit einem Meßbecher messen und auf 2 Tassen Saft 1 Tasse Zucker berechnen. In einem großen Topf den Fruchtsaft mit Zucker und Zitronensaft vermischen und unter ständigem Rühren auf kleiner Flamme erhitzen, bis sich der Zucker auflöst. Die Holunderblüten in ein Stück Mulltuch binden und zur Fruchtmischung geben. Die Mischung kochen lassen, bis der Gelierpunkt erreicht ist.

Die Blüten entfernen, das Gelee in warme, sterilisierte Gläser füllen und die Gläser verschließen.

Ergibt etwa 2 Liter

Die letzten Stachelbeeren der Saison auf Rodmarton Manor, Gloucestershire.

STACHELBEERSAFT

Tiefgefrorener Stachelbeersaft eignet sich gut zur Herstellung von Konfitüren und Gelees aus pektinarmen Obstsorten, wie Rhabarber oder Erdbeeren. (Stachelbeeren besitzen viel Säure und Pektin, die für das Erstarren einer Konfitüre unerläßlich sind.) Rechnen Sie für 500 g pektinarmes Obst 1 Tasse Stachelbeersaft.

2 kg Stachelbeeren

Die Stachelbeeren mit 2 Tassen Wasser in einer schweren Kasserolle langsam zum Kochen bringen. Dann die Beeren bei mittlerer Hitze 15 Minuten simmern lassen, bis sie mit einem Holzlöffel zerdrückt werden können.

Die heiße Fruchtmasse in ein feuchtes Safttuch gießen und mindestens 12 Stunden (oder über Nacht) durchlaufen lassen. Den passierten Saft in Tiefkühlbehälter füllen.

Ergibt 1 Liter

STACHELBEEREN IN SIRUP

2 Tassen Zucker
2 EL frisch gepreßter Zitronensaft
1 große Handvoll Holunderblütendolden (nach Geschmack)
2 kg Stachelbeeren

Den Zucker mit 4 Tassen Wasser in einem schweren Topf unter ständigem Rühren auf kleiner Flamme erhitzen, bis sich der Zucker auflöst. Zitronensaft und Holunderblüten hinzugeben, 10 Minuten simmern und abkühlen lassen.

In der Zwischenzeit die Enden der Stachelbeeren entfernen und die Haut leicht einritzen, damit sie während des Einweckens nicht schrumpeln. Die Stachelbeeren in drei 1 Liter-Gläser füllen.

Den abgekühlten Sirup über die Beeren gießen, die Gläser verschließen und in ein kaltes Wasserbad geben. Dann zehn Minuten einwecken. Die Klammern erst nach dem Erkalten der Gläser entfernen und die Verschlüsse kontrollieren.

Ergibt 3 Liter

GEGRILLTE MAKRELE MIT STACHELBEEREN

In der klassischen französischen Küche werden gegrillte Makrelen häufig mit den säuerlichen Stachelbeeren gereicht, die auf Französisch *groseilles à maquereau* (»Makrelen-Johannisbeeren«) heißen. Servieren Sie die Makrele mit neuen gekochten Kartoffeln.

2 ganze Makrelen (à 350 g), gewaschen und ausgenommen
6 EL Olivenöl
Salz und frisch gemahlener Pfeffer
2 Tassen Stachelbeeren in Sirup (siehe links), abgetropft, zusätzlich
½ Tasse Sirup
1 Tasse Sahne (38 %)
1 EL Senfmehl
¼ Tasse glattblättrige Petersilie, gehackt

Die Makrelen vollständig mit Öl einreiben und mit Pfeffer und Salz abschmecken. Den Fisch in einer Pfanne, auf einem Holzkohlengrill oder im vorgeheizten Backofengrill etwa 10 Minuten grillen. Die Makrelen vorsichtig wenden, die Stachelbeeren dazugeben und den Fisch weitere 10 Minuten grillen, bis er gut durch ist. Die Stachelbeeren hin und wieder wenden, damit sie gleichmäßig heiß werden.

In der Zwischenzeit ½ Tasse Stachelbeersirup in einem kleinen Topf solange kochen lassen, bis er auf 2 EL Sirup eingedickt ist. Nun Sahne und Senfmehl dazugeben und die Mischung leicht eindicken lassen. Petersilie hinzufügen und die Sauce nach Geschmack mit Pfeffer und Salz würzen.

Die Makrelen der Länge nach aufschneiden, die Gräten entfernen und den Fisch in 4 Portionen unterteilen; dazu die gegrillten Stachelbeeren und die Sauce reichen.

Für 4 Personen

Gegrillte Makrelen mit Stachelbeeren.

WEINTRAUBEN IN TRAUBENSAFT

Die Qualität eingelegter Trauben sollte man nicht unterschätzen, da die Weinbeeren fest und saftig bleiben, wenn man sie im Kaltverfahren einweckt (siehe Einwecken, Seite 19). Diese Trauben ergeben eine köstliche Füllung für Obsttorten (wie die ›Walnuß-Trauben-Torte‹, Seite 112)

3,5 kg blaue oder grüne kernlose Trauben
3 Tassen Zucker
2 EL frisch gepreßter Zitronensaft

In einem Mixer 2 kg Trauben pürieren, bis sie fast völlig flüssig sind. Den Saft durch ein Sieb streichen, das mit feuchten Mulltüchern ausgelegt ist. Sie benötigen mindestens 3 Tassen Fruchtsaft.

In einem großen Topf den passierten Fruchtsaft mit Zucker, 3 Tassen Wasser und Zitronensaft vermischen und unter ständigem Rühren auf kleiner Flamme erhitzen, bis sich der Zucker auflöst. Nun die Mischung bei mittlerer Hitze 5 Minuten aufkochen und abkühlen lassen. In der Zwischenzeit die restlichen Trauben in vier 1 Liter-Gläser füllen.

Den kalten Sirup bis zur Füllmengenmarkierung in die Gläser gießen, die Gläser verschließen und in ein kaltes Wasserbad stellen. Dann zehn Minuten einwecken. Die Klammern erst nach dem Erkalten der Gläser entfernen und die Verschlüsse kontrollieren.

Ergibt 4 Liter

Lady Downes Sämling-Trauben (Weinreben, die aus Sämlingen gezogen werden) im gepflegten Treibhaus von Stowell Park, Gloucestershire.

WALNUSS-TRAUBEN-TORTE

Eingelegte Trauben sind ideal für eine köstliche Tortenfüllung – ob Sie sie pur verwenden oder mit anderen eingelegten Früchten kombinieren.

$^3/_4$ Tasse Weizenmehl, Type 405
$^3/_4$ Tasse Weizenvollkornmehl
$^1/_2$ Tasse Walnüsse, geröstet und fein gemahlen
2 EL brauner Zucker
1 Prise Salz
60 g kalte Butter, in kleine Stücke geschnitten
4 Tassen Weintrauben in Traubensaft (Seite 111), abgetropft, zusätzlich
2 Tassen Traubensaft
1 Tasse Konditorcreme (Seite 234)

In einer großen Schüssel Mehl, gemahlene Wahlnüsse, braunen Zucker und Salz vermischen. Die Butterflöckchen unterkneten und den Teig zerkrümeln, bis er die Größe von Haferflocken hat. Nun $^1/_4$ Tasse Eiswasser mit einer Gabel unterrühren, den Teig zu einer flachen Scheibe kneten und in eine Springform von 22 cm Durchmesser legen. Die Form mit dem Teig 1 Stunde kühlen.

Währenddessen 2 Tassen Traubensaft in einem Topf auf großer Flamme erhitzen und auf $^1/_2$ Tasse eindicken lassen, bis der Saft eine sirupartige Konsistenz besitzt. Beiseite stellen.

Den Teig mit Alufolie bedecken, die Form mit getrockneten Bohnen füllen und in einem auf 180 °C vorgeheizten Backofen etwa 10 bis 15 Minuten blindbacken, bis der Teig fest zu werden beginnt. Die Bohnen entfernen und den Tortenboden weitere 10–15 Minuten backen, bis er fest und goldbraun ist. Die Springform auf ein Kuchengitter stellen und den Boden auskühlen lassen. Nun den Rand der Springform abnehmen und den Boden auf eine Kuchenplatte legen. Auf den Tortenboden eine Schicht Konditorcreme geben, darauf die Trauben arrangieren und mit der Traubensaftglasur bestreichen.

Für 6 Personen

MALAGA-ROSINEN IN GRAPPA

Italienische Grappa ist ein klarer Branntwein, der aus den Preßrückständen der Weintrauben gebrannt wird und dessen Qualität und Alter, wie bei anderen Weinbränden, stark variieren kann.

Verwenden Sie für das folgende Rezept eine gute Qualitäts-Grappa, die Sie auch pur gerne trinken würden (es muß keineswegs die teuerste sein!), und als Rosinen am besten solche der Traubensorte Pedro Ximénez, aus denen der spanische Malagawein (ein süßer Dessertwein) gekeltert wird. Sie können aber auch zu Muskateller-Rosinen greifen, da diese ähnlich schmecken und meist leichter erhältlich sind. Bei diesem Rezept handelt es sich um eine Spezialität aus Venedig, die man als Digestif reicht. Die Rosinen schmecken aber auch auf Vanille- oder Zimteiscreme.

450 g Malaga- oder Muskateller-Rosinen
4 Tassen Grappa

Die Rosinen in ein 1,5 Liter-Glas füllen, mit Grappa bedecken und das Glas verschließen. Die Rosinen mindestens 6 Wochen einweichen lassen, das Glas hin und wieder wenden, damit sich der Alkohol und der Zucker der Rosinen gut verteilen.

Wenn Sie die Rosinen als Digestif servieren wollen, geben Sie 1 bis 2 TL der eingelegten Rosinen in ein kurzstieliges Glas und gießen ein paar Eßlöffel Grappa darüber.

Ergibt 1,5 Liter

MUSKATELLERTRAUBEN IN BEAUMES-DE-VENISE

Aus der französischen Region Côtes du Rhône stammt der süße Dessertwein Beaumes-de-Venise, der aus Muskatellertrauben gekeltert wird. Diese Trauben besitzen eine rosarote Farbe, die in einem honigfarbenen Sirup besonders schön zur Geltung kommt.

2,5 kg feste Muskatellertrauben
2 Flaschen (à 750 ml) Beaumes-de-Venise
2 Tassen Zucker
1 Streifen getrocknete Orangenschale (Seite 129)
$^{1}/_{4}$ Tasse Orangenlikör

Die Trauben vorsichtig von den Stengeln lösen, dann waschen und sorgfältig trockentupfen.

Den Wein und den Zucker in einem großen Edelstahltopf unter ständigem Rühren auf kleiner Flamme erhitzen, bis sich der Zucker auflöst. Die Mischung aufkochen, die Trauben und die getrocknete Orangenschale hinzufügen und 5 Minuten simmern lassen.

Die Trauben mit einem Schaumlöffel in warme 1 Liter-Gläser füllen und die Orangenschale entfernen. Den Sirup erneut aufkochen, 5 Minuten leicht eindicken lassen und den Orangenlikör dazugeben. Die Mischung über die Trauben gießen, die Gläser verschließen und im kochendheißen Wasserbad ca. 15 Minuten einwecken. Die Klammern erst nach dem Erkalten der Gläser entfernen und die Verschlüsse kontrollieren.

Ergibt 3 Liter

Von links nach rechts: Malaga-Rosinen in Grappa, Muskatellertrauben in Beaumes-de-Venise und Backpflaumen in Yunnantee und Armagnac.

GUAVENHONIG

Dieser Brotaufstrich schmeckt köstlich zu warmen englischen Scones. Er kann aber auch als Füllung für Baisers, Torten oder in den ›Tropischen Dreiecken‹ (siehe rechts) verwendet werden.

1 kg Guaven, geschält und ohne Stiele
$^1/_4$ Tasse frisch gepreßter Limonensaft
2 Tassen Honig, z. B. Akazien- oder Orangenblütenhonig

Die Guaven in dünne Scheiben schneiden und zusammen mit $^1/_4$ Tasse Wasser und dem Limonensaft in einen großen Topf geben. Die Mischung auf kleiner Flamme zum Kochen bringen und 20 Minuten simmern lassen, bis die Guaven weich sind und fast die gesamte Flüssigkeit verdampft ist.

Die Fruchtmasse durch ein feines Sieb streichen und die Guavenkerne entfernen. Das passierte Fruchtfleisch mit dem Honig in den gereinigten Topf geben und aufkochen lassen.

Den Guavenhonig in warme Gläser füllen, die Gläser verschließen und im kochendheißen Wasserbad 5 Minuten einwecken. Die Klammern erst nach dem Erkalten der Gläser entfernen und die Verschlüsse kontrollieren.

Ergibt $2^1/_2$ Tassen

GUAVENGELEE

Die Zubereitung dieses Gelees lohnt sich nur, wenn Sie wirklich frische Guaven bekommen können, denn der Geschmack und das Aroma dieser Früchte ist sehr leicht vergänglich.

2 kg Guaven, geschält und ohne Stiele
ca. $1^1/_2$ Tassen Zucker
1 EL frisch gepreßter Zitronensaft

Die Guaven in dünne Scheiben schneiden und in einem großen Topf mit 4 Tassen Wasser gerade bedecken. Das Wasser zum Kochen bringen und die Früchte 45 Minuten simmern lassen, bis sie mit einem Holzlöffel leicht zerdrückt werden können.

Die heiße Fruchtmasse in ein feuchtes Safttuch gießen und mindestens 12 Stunden (oder über Nacht) durchlaufen lassen.

Den passierten Fruchtsaft mit einem Meßbecher messen und für 1 Tasse Saft $^1/_2$ Tasse Zucker berechnen. In einem großen Topf den Zucker mit dem Saft vermischen und unter ständigem Rühren bei mittlerer Hitze kochen, bis sich der Zucker auflöst. Den Zitronensaft hinzufügen, das Ganze erneut aufkochen und 10 Minuten kochen lassen, bis der Gelierpunkt erreicht ist. Den Schaum abschöpfen. Das Gelee in warme, sterilisierte Gläser füllen und die Gläser verschließen.

Ergibt 1 Liter

TROPISCHE DREIECKE

Eine Füllung aus Guavenhonig macht dieses Gebäck zu etwas ganz Besonderem. Allerdings können Sie auch andere pürierte Tropenfrüchte verwenden, wie Mangomus (Seite 120) oder Maracujacreme (Seite 131).

1 Tasse Weizenmehl
Salz
$^1/_4$ TL frisch geriebene Zitronenschale
$^1/_4$ Tasse brauner Zucker
$^1/_3$ Tasse kalte Butter, in kleine Stücke geschnitten
2 große Eier, getrennt
$^1/_4$ Tasse Kristallzucker
$^1/_3$ Tasse blanchierte Mandeln, geröstet und fein gemahlen
$^1/_2$ Tasse Guavenhonig (siehe links)
Puderzucker zum Bestäuben

In einer großen Schüssel Mehl, Zitronenschale, braunen Zucker und Salz vermischen. Die Butterflöckchen unterkneten, bis sich die Butter vollständig mit dem Teig verbunden hat. In einer kleinen Schüssel 2 Eigelb schlagen und mit einer Gabel unter den bröckeligen Teig rühren, bis sich alle Zutaten zu verbinden beginnen. Den Teig in eine gefettete, quadratische Backform (20 x 20 cm) geben und in einem auf 180 °C vorgeheizten Backofen 8–10 Minuten backen, bis der Teig goldbraun ist. Den Boden in der Form auf einem Kuchengitter auskühlen lassen und den Backofen auf 170 °C stellen.

Das Eiweiß mit einer Prise Salz steif schlagen und langsam den Zucker unterrühren, bis die Baisermasse steif und glänzend ist. Dann die Mandeln vorsichtig unterziehen.

Den Boden mit Guavenhonig bestreichen, jedoch einen Rand von 0,5 cm unbedeckt lassen, und die Baisermasse über den Guavenhonig verteilen. 20–25 Minuten backen, bis die Baisermasse leicht goldbraun ist. Den Kuchen in der Form auf einem Kuchengitter abkühlen lassen.

Die Baisermasse leicht mit Puderzucker bestäuben und den Kuchen in 5 cm breite Streifen schneiden, diese in 16 Quadrate (5 x 5 cm Kantenlänge) unterteilen und die Quadrate halbieren, so daß je zwei Dreiecke entstehen.

Ergibt 32 Dreiecke

KUMQUATS IN WEINBRANDSIRUP

Die Kumquat zählt zur Familie der Zitrusfrüchte und besitzt unter der süßen Schale einen sauren Saft. Die ganze Frucht – einschließlich Kernen und Schale – ist eßbar und schmeckt besonders gut, wenn man sie mehrere Monate in Weinbrand einlegt. In England werden die Kumquats häufig in der Weihnachtszeit zum Nachmittagstee gereicht.

750 g feste, makellose Kumquats
$^{3}/_{4}$ Tasse Zucker
1 Vanilleschote, der Länge nach halbiert
3 Tassen Weinbrand

Die Kumquats sorgfältig waschen, in einem Topf mit kochendem Wasser 1 Minute blanchieren und abtropfen lassen. Die abgekühlten Kumquats an mehreren Stellen mit einer Nadel einstechen, damit sie während des Kochens nicht aufplatzen.

In einer Kasserolle den Zucker mit 2 Tassen Wasser vermischen und unter ständigem Rühren auf kleiner Flamme erhitzen, bis sich der Zucker auflöst. Die Vanilleschote hinzufügen und den Sirup 10 Minuten simmern lassen. Nun die Kumquats dazugeben, den Sirup zum Kochen bringen und 5 Minuten simmern lassen.

Die Kumquats mit einem Schaumlöffel in warme 1,5 Liter-Gläser füllen. Den Sirup bei mittlerer Hitze auf 1 Tasse eindicken und abkühlen lassen. Die Vanilleschote herausnehmen und eventuell beiseite legen.

Den Weinbrand unter den abgekühlten Sirup rühren und über die Kumquats gießen. (Nun eventuell die Vanilleschote dazugeben.) Die Gläser verschließen und an einem kühlen, dunklen Ort mehrere Wochen ruhen lassen.

Ergibt 1,5 Liter

ZITRONEN IN SALZLAKE

Eingelegte Zitronen sind zwar in Delikatessengeschäften erhältlich, Sie können sie aber auch ganz leicht selbst herstellen und zum Aromatisieren von Eintöpfen, als Beilage zu gegrilltem Fisch oder als Horsd'œuvre verwenden. Schneiden Sie die Zitronen dazu in dünne Scheiben und bestreuen Sie sie mit frischer, gehackter Minze und schwarzem Pfeffer. Die Zitronen sollten mindestens vier bis sechs Wochen in der Salzlake ruhen. Nach dem Öffnen der Gläser sind die restlichen Zitronen mehrere Monate im Kühlschrank haltbar.

4 sehr feste, mittelgroße Zitronen
(je ca. 175 g, unbehandelt)
$^1/_3$ Tasse feinkörniges Meersalz
1 Zimtstange, 7,5 cm lang
2 TL Korianderkörner
1 TL schwarze Pfefferkörner
4 Gewürznelken

Die Zitronen in einen großen Topf mit kochendem Wasser geben, 3 Minuten in dem kochenden Wasser blanchieren und in einer Schüssel mit kaltem Wasser abschrecken. Die abgekühlten Zitronen abtropfen lassen und trockentupfen.

In einem zweiten Topf Salz, Zimt, Koriander, Pfeffer und Gewürznelken mit 3 Tassen Wasser zum Kochen bringen und beiseite stellen.

Die Zitronen der Länge nach in vier Teile schneiden, jedoch am Stengelansatz verbunden lassen. Dann in ein warmes, sterilisiertes 1,5 Liter-Glas schichten und mit dem kochenden Gewürzsud bedecken. Die Zimtstange dazugeben und das Glas verschließen.

Ergibt 1,5 Liter

Ganze eingelegte Zitronen sind nicht nur ein appetitlicher Anblick, sondern können auch auf vielfältige Weise verwendet werden.

LAMMRAGOUT MIT AUBERGINEN UND ZITRONEN IN SALZLAKE

Die eingelegten Zitronen verleihen diesem schlichten Ragout einen Hauch von marokkanischer Küche, und sein feiner Geschmack läßt sich noch verstärken, wenn man das Ragout einen Tag im voraus zubereitet. Dadurch wird es gleichzeitig zu einem idealen Gericht, wenn Gäste kommen. Dazu reichen Sie am besten ein Pilaw (orientalisches Reisgericht) oder Nudeln.

3 EL Weizenmehl
1 TL edelsüßes Paprikapulver
1,4–1,6 kg Lammhaxe oder -schulter, gewürfelt
6 EL extra reines Olivenöl
½ Tasse trockener Weißwein
8 Knoblauchzehen, geschält
450 g Auberginen, vorzugsweise lang und schmal
1 eingelegte Zitrone (Seite 116), geviertelt und in 0,5 cm dicke Scheiben geschnitten
½ Tasse Blattpetersilie, gehackt
Salz und frisch gemahlener Pfeffer

Einen großen Teller mit Alufolie bedecken und Mehl und Paprika durch ein Sieb auf den Teller streuen. Das Lammfleisch leicht in der Mischung wälzen.

In einer großen Bratpfanne 2 EL Öl auf großer Flamme erhitzen. Nacheinander das Lammfleisch von allen Seiten anbraten und auf einem anderen (mit Küchentüchern ausgelegten) Teller abtropfen lassen. Die Lammstücke in eine feuerfeste Kasserolle geben.

Nun das überschüssige Öl aus der Bratpfanne abgießen, den Wein in der Pfanne auf großer Flamme erhitzen; dabei braune oder angebrannte Krümel entfernen. Die Sauce über das Lammfleisch geben und die Bratpfanne auswischen.

Die Knoblauchzehen und das Fleisch 1¼ Stunde in einem auf 180 °C vorgeheizten Backofen schmoren, bis es weich ist. Alle 15 Minuten mit Fett übergießen.

In der Zwischenzeit die Auberginen halbieren und in 1 cm breite Würfel schneiden. In der Bratpfanne 2 EL Öl auf großer Flamme erhitzen, bis das Öl sehr heiß ist, aber noch nicht raucht, und darin die Hälfte der Auberginenwürfel 3 bis 4 Minuten von allen Seiten anbraten. Die kleinen Auberginenstücke auf einem mit Küchentüchern ausgelegten Teller abtropfen lassen. Dann die restlichen Auberginen anbraten und abtropfen lassen.

Die Auberginen und die Zitronen zum Lamm geben und 15 Minuten mitschmoren; mit Petersilie, Salz und Pfeffer abschmecken.

Für 4 Personen

ZITRONEN- ODER LIMONENCREME

Fruchtcremes werden aus Eigelb, Butter und dem Saft oder dem Püree einer Frucht bereitet. Die Cremes sind meist nicht sehr lange haltbar, und deshalb sollten sie innerhalb weniger Monate verbraucht werden. Zitronencreme eignet sich als Füllung für einen Tortenboden, für Biskuitrollen und Schichttorten.

6 große Eigelb
1 Tasse feinster Zucker
¾ Tasse frisch gepreßter Zitronen- oder Limonensaft (Saft von 4 Zitronen oder 8 Limonen)
geriebene Schale von 4 Zitronen oder 4 Limonen
125 g Butter, in kleine Stücke geschnitten

Zucker und Eigelb in einem Topf über siedendem Wasser verrühren, bis die Mischung dick ist und eine helle Farbe aufweist.

Den Saft und die geriebene Schale dazugeben und langsam die Butter unter die Mischung rühren. Die Creme unter ständigem Rühren etwa 20 Minuten erhitzen, bis die Masse sehr dick wird. Die Mischung darf nicht kochen, da sonst das Eigelb gerinnt.

Die Creme in sterilisierte Gläser füllen und die Gläser verschließen. Die Creme ist im Kühlschrank maximal 2 bis 3 Monate haltbar, und dies auch nur solange die Gläser festverschlossen sind.

Ergibt 1 Liter

LITCHI IN LIMONENSIRUP

Litchis, die man selbst eingelegt hat, erinnern in keinster Weise an das Dosenobst, das in vielen chinesischen Restaurants serviert wird. Bei dem folgenden Rezept behalten die Früchte ihr natürliches Aroma, das durch Limonen und getrocknete Lindenblüten noch verstärkt wird.

$^1/_2$ Tasse getrocknete Lindenblüten
2 Tassen Zucker
450 g Limonen
2 kg frische Litchis, geschält und entsteint

In einem großen Topf 4 Tassen Wasser zum Kochen bringen, den Topf vom Herd nehmen und die Lindenblüten zusammen mit dem Zucker in das Wasser rühren. Den Topf abdekken und die Mischung 30 Minuten ruhen lassen.

In der Zwischenzeit die Limonen in einem großen Topf mit kochendem Wasser 1 Minute blanchieren, abtropfen und abkühlen lassen. Die Limonen anschließend in hauchdünne Scheiben schneiden.

Nun möglichst viele Lindenblüten aus dem Sirup fischen (es dürfen ruhig ein paar Blätter darin bleiben) und eventuell vorhandenen Schaum abschöpfen. Litchis und Zitronenscheiben zum Zuckersirup geben und kurz aufkochen.

Die Litchis und die Limonen mit einem Schaumlöffel in vier warme 1 Liter-Gläser füllen und mit Sirup vollständig bedecken. Die Gläser verschließen und im kochendheißen Wasserbad 20 Minuten einwecken. Die Klammern erst nach dem Erkalten der Gläser entfernen und die Verschlüsse kontrollieren.

Ergibt 4 Liter

MANGO-CHUTNEY

Damit das frische Aroma der Mangos erhalten bleibt, wird die Kochzeit dieses Chutneys verkürzt und das fertige Chutney im Wasserbad eingeweckt, so daß seine Haltbarkeit nicht beeinträchtigt ist.

- 1,5 kg noch nicht ganz reife Mangos
- $\frac{1}{2}$ Tasse getrocknete Johannisbeeren
- $\frac{1}{2}$ Tasse frisch gepreßter Limonensaft
- 2 EL Pflanzenöl
- 1 Tasse Zwiebeln, in dünne Scheiben geschnitten
- 1 frische große Chillischote, ohne Samenkörnchen (Gummihandschuhe tragen!)
- $1\frac{1}{2}$ Tassen Weißweinessig
- 1 Tasse Zucker
- 2 TL Senfkörner
- $\frac{1}{4}$ Tasse eingelegter Ingwer, kleingehackt
- 1 TL gemahlener Zimt
- 1 EL grobes Meersalz

Die Mangos schälen, das Fruchtfleisch in 1 cm breite Stücke schneiden und den Kern entfernen. In einer großen Schüssel das Fruchtfleisch mit den Johannisbeeren und dem Limonensaft vermischen.

Das Öl in einem Edelstahltopf auf kleiner Flamme erhitzen, bis es sehr heiß ist, aber noch nicht raucht; darin die Zwiebeln und die Chilischote etwa 10 Minuten anbraten, bis die Zwiebeln glasig sind. Die Mischung aus Mangos, Johannisbeeren und Limonensaft dazugeben, anschließend Essig, Zucker, Senfkörner, Ingwer, Zimt und Salz unterrühren. Das Chutney unter ständigem Rühren auf kleiner Flamme erhitzen, bis sich der Zucker auflöst.

Die Mischung nun zum Kochen bringen und bei mittlerer Hitze 15 Minuten kochen lassen, bis die Mangos weich, aber nicht matschig sind. Die Chilischote entfernen und das Chutney in sechs warme 1 Liter-Gläser füllen. Die Gläser verschließen und im kochendheißen Wasserbad 10 Minuten einwecken. Die Klammern erst nach dem Erkalten der Gläser entfernen und die Verschlüsse kontrollieren.

Ergibt 3 Liter

MANGOMUS

Obwohl dieses Obstkompott keinerlei Milchprodukte enthält, erinnert die Konsistenz dieses Mangokompotts an Butter.

- 1000 g noch nicht ganz reife Mangos
- 4 Tassen Zucker
- $\frac{1}{2}$ Tasse frisch gepreßter Orangensaft
- $\frac{1}{2}$ Tasse frisch gepreßter Zitronensaft
- 1 Prise gemahlener Kardamom

Die Mangos schälen, das Fruchtfleisch grob hacken und die Kerne entfernen.

In einem großen Topf das Fruchtfleisch mit Zucker, Orangen- und Zitronensaft sowie Kardamom mischen; bei mittlerer Hitze zum Kochen bringen und unter ständigem Rühren 45 Minuten simmern lassen, bis die Mischung sehr dick wird.

Das Mus in einem Mixer pürieren und durch ein feines Sieb streichen. Das Püree in sterilisierte Gläser füllen und die Gläser verschließen. Das Mangomus ist im Kühlschrank bis zu 3 Monaten haltbar.

Ergibt 3 Tassen

MISPEL-ESTRAGON-GELEE

Die Mispel besitzt die Größe eines Holzapfels und erinnert mit ihrer dunkelbraunen Schale und den fünf Kelchblättern an eine Hagebutte. Erst wenn die Mispel nach dem ersten Frost am Baum zu faulen beginnt, gilt sie als ausgereift; man kann sie aber auch vorher pflücken und an einem kühlen Ort auf Strohmatten reifen lassen.

Das Fruchtfleisch der Mispel besitzt keinen aufregenden Geschmack, der Saft dagegen duftet zart und eignet sich für Kompott, Konfitüren und Gelees. Mispel-Estragon-Gelee schmeckt hervorragend zu Fleisch, und das reine Mispel-Gelee ergibt einen köstlichen Brotaufstrich für Muffins und Toast.

1000 g sehr reife Mispeln, geviertelt
$^1/_4$ Tasse frisch gepreßter Zitronensaft
ca. 2 Tassen Zucker
4–8 frische Estragonzweige, blanchiert

Die Mispeln mit 1 Tasse Wasser und 2 EL Zitronensaft in einem großen Topf zum Kochen bringen und 1 Stunde simmern lassen, bis sie sehr weich und breiig sind.

Die heiße Fruchtmasse in ein feuchtes Safttuch gießen und mindestens 12 Stunden (oder über Nacht) durchlaufen lassen.

Den passierten Fruchtsaft mit einem Meßbecher messen und für 2 Tassen Saft 1 Tasse Zucker berechnen. In einem großen Topf den Zucker mit dem restlichen Zitronensaft vermischen und unter ständigem Rühren auf kleiner Flamme erhitzen, bis sich der Zucker auflöst. Den Sirup aufkochen, den Mispelsaft hinzufügen und die Mischung erneut 15 Minuten kochen lassen, bis der Gelierpunkt erreicht ist. Den Schaum abschöpfen.

Das Gelee in vier warme, sterilisierte 1 Liter-Gläser füllen, in jedes Glas 1 oder 2 Estragonzweige geben, und die Gläser verschließen.

Ergibt 1 Liter

Der letzte Mispelbaum im Garten von Hope End, Herefordshire.

CLEMENTINEN IN BLUTORANGENSIRUP

Mit diesem Clementinendessert läßt sich jedes Menü wunderbar abrunden. Reichen Sie die Früchte entweder pur oder mit einer Vanillesauce, die Sie mit Orangeat garnieren.

2 Tassen frischer Blutorangensaft (von 6 Orangen) oder tiefgefrorener Saft (siehe rechts), auftauen lassen
4 Tassen Zucker
1 Zimtstange, 7,5 cm lang
5 Gewürznelken
2 Kardamom-Kapseln
2,5 kg Clementinen oder Mandarinen, geschält
$^1/_4$ Tasse Orangenlikör (nach Geschmack)

In einem großen Topf den Blutorangensaft mit dem Zucker und 6 Tassen Wasser vermischen und erhitzen, bis sich der Zucker auflöst. Die Gewürze in ein Stück Mulltuch binden und zum Zuckersirup dazugeben. Die Mischung 5 Minuten kochen, damit die Gewürze den Sirup aromatisieren können.

Nun die Clementinen hinzufügen und ca. 10 Minuten simmern lassen. Den Topf vom Herd nehmen und über Nacht ruhen lassen.

Dann die Flüssigkeit langsam zum Kochen bringen und die Clementinen in drei warme 1 Liter-Gläser füllen. Das Mullsäckchen entfernen, den Sirup 10 Minuten eindicken lassen und den Orangenlikör dazugeben. Den heißen Sirup über die Clementinen gießen, die Gläser verschließen und im kochendheißen Wasserbad 15 Minuten einwecken. Die Klammern erst nach dem Erkalten der Gläser entfernen und die Verschlüsse kontrollieren.

Ergibt 3 Liter

Ganze Clementinen in Blutorangensirup bilden den krönenden Abschluß eines festlichen Weihnachtsmahls.

BLUTORANGENSAFT

Mit dem säuerlichen, dunkelroten Saft der Blutorange können Sie viele Saucen verfeinern.

12 Blutorangen

Die Orangen halbieren, auspressen und den Saft durch ein Sieb passieren. Den Blutorangensaft in eine Eiswürfelschale füllen (etwa 2 EL Saft pro Fach) und tieffrieren. Die gefrorenen Saftwürfel in Gefrierbeutel packen und innerhalb von 6 Monaten verbrauchen.

Ergibt 3 Tassen

SAUCE MALTAISE

Diese holländische Sauce mit Blutorangensaft schmeckt köstlich zu gegrilltem Fisch oder frischem Spargel.

3 EL Weißweinessig
$^1/_2$ TL Salz
3 große Eigelb, leicht geschlagen
250 g Butter, in kleine Stücke geschnitten
1 Prise Cayennepfeffer
$^1/_4$ Tasse frischer oder tiefgefrorener Blutorangensaft (siehe oben), auftauen lassen

Essig, 1 EL Wasser und Salz in einem kleinen, schweren Edelstahltopf bei mittlerer Hitze auf die Hälfte eindicken lassen.

Die Temperatur reduzieren, 1 EL kaltes Wasser und 3 Eigelb dazugeben. Dann die Mischung unter ständigem Rühren kochen, bis sie leicht eingedickt ist. Nacheinander die Butterflockchen unter die Mischung geben und so lange rühren, bis die Sauce sehr dick wird. Die Sauce nicht mehr kochen, Blutorangensaft hinzugeben und mit Cayennepfeffer abschmecken.

Die Sauce maltaise im heißen Wasserbad warm halten.

Ergibt $1^1/_2$ Tassen

ORANGENCREME

Bestreichen Sie doch einmal frische Muffins mit Orangencreme, oder verwenden Sie die Creme als Füllung für fertige Tortenböden, beispielsweise für die Schokoladen-Orangencreme-Torte (siehe rechts).

2 mittelgroße Orangen
1 große Zitrone
2 große Eier, zusätzlich 2 große Eigelb
$^{3}/_{4}$ Tasse Zucker
6 EL Butter, in kleine Stücke geschnitten

Die Orangen und die Zitrone gründlich abbürsten und sorgfältig trockentupfen, auspressen und die Schale raspeln.

Die Eier und das Eigelb in einem Topf über siedendem Wasser schlagen, bis sie eine helle Farbe aufweisen. Nun den Zucker langsam dazugeben und die Mischung unter ständigem Rühren erhitzen, bis sie dicker wird.

Den Saft, die Schale und die Butter unterrühren, bis die Butter sich auflöst und die Mischung eingedickt ist. Die Creme nicht kochen, da sonst die Eier gerinnen.

Nun die Orangencreme in kleine sterilisierte Gläser füllen und die Gläser verschließen. Die Creme ist im Kühlschrank ungefähr 2 bis 3 Monate haltbar.

Ergibt 3 Tassen

SCHOKOLADEN-ORANGENCREME-TORTE

Die schmackhafte Orangencreme-Füllung kommt am besten zur Geltung, wenn man sie auf einen Tortenboden streicht, der aus einem Teig mit gerösteten Walnüssen gebacken ist und anschließend mit Zartbitterschokolade glasiert wurde.

1 Tasse Weizenmehl
$^{1}/_{2}$ Tasse Walnüsse, geröstet und fein gemahlen
2 EL Zucker
1 Prise Salz
5 EL Butter, in kleine Stücke geschnitten
90 g Zartbitterschokolade
1$^{1}/_{2}$ Tassen Orangencreme (siehe links)
ungesüßtes Kakaopulver zum Bestäuben

In einer großen Schüssel Mehl, gemahlene Walnüsse, Zucker und Salz vermischen. Die Butterflöckchen unterkneten und den Teig zerkrümeln, bis er die Größe von Haferflokken hat. Nun 3 bis 4 EL Eiswasser unterrühren, gerade soviel, daß der Teig zu einer Kugel geformt werden kann. Den Teig in Frischhaltefolie wickeln und 30 Minuten kühl stellen.

Auf einer bemehlten Arbeitsfläche den Teig zu einer flachen Scheibe mit 30 cm Durchmesser ausrollen. Den Teig in eine Springform von 25 cm Durchmesser geben, den Rand mit einer Gabel einstechen und 30 Minuten kühlen.

Nun den Teig mit Alufolie bedecken, die Form mit getrockneten Bohnen füllen und in einem auf 220 °C vorgeheizten Backofen 10 Minuten blindbacken. Die Alufolie und die Bohnen entfernen und den Tortenboden weitere 5–7 Minuten backen, bis der Teig goldbraun ist. Den Boden in der Form auf einem Kuchengitter auskühlen lassen.

Die Schokolade in einem Topf über siedendem Wasser schmelzen, auf den Tortenboden streichen und fest werden lassen. Dann die Orangencreme über die Schokolade geben und glattstreichen. Die fertige Torte mit Kakaopulver bestäuben.

Ergibt eine Torte von 25 cm Durchmesser

DUNKLE BITTERORANGEN-INGWER-MARMELADE

Bitter- oder Sauerorangen schmecken sehr bitter und werden daher eher in der Küche verwendet als pur genossen. Da sie nur zu bestimmten Jahreszeiten erhältlich sind, sollten Sie sich einen Vorrat anlegen und die Bitterorangen zu Marmelade verarbeiten.

1,5 kg Bitterorangen, gründlich abgebürstet
2 mittelgroße Zitronen, gründlich abgebürstet
$2^{1}/_{2}$ Tassen Kristallzucker
2 Tassen dicht gehäufter brauner Zucker
$^{1}/_{4}$ Tasse eingelegter Ingwer, kleingehackt

Die Orangen und Zitronen mit 1,5 Liter Wasser in einen großen Topf mit Deckel geben, das Wasser auf kleiner Flamme zum Kochen bringen und die Zitrusfrüchte ca. $1^{1}/_{2}$ Stunden abgedeckt simmern lassen, bis sie sehr weich sind. Danach die Früchte in einem Sieb abtropfen, die Flüssigkeit auffangen und die Orangen und Zitronen abkühlen lassen.

Nun die Zitrusfrüchte schälen und in kleine Stücke oder in dünne Scheiben schneiden. Die Kerne aufbewahren und in ein Stück Mulltuch binden.

Die aufgefangene Flüssigkeit in den Topf gießen, Kristall- und braunen Zucker hinzufügen und die Mischung unter ständigem Rühren auf kleiner Flamme erhitzen, bis sich der Zucker auflöst. Dann den Zuckersirup aufkochen und die Fruchtstücke und das Mullsäckchen mit den Kernen dazugeben. Das Ganze unter ständigem Rühren weitere 30 Minuten kochen lassen, bis der Gelierpunkt erreicht ist. Den Schaum abschöpfen.

Den Ingwer unterrühren, die Marmelade in warme, sterilisierte Gläser füllen und die Gläser verschließen.

Ergibt 4 Liter

Verwenden Sie doch hübsche alte Marmeladentöpfe als Gefäße für Ihre selbstgemachten Konfitüren.

Gâteau Léger au Chocolat in drei verschiedenen Zubereitungsphasen: als schlichter Schokoladenkuchen, mit einer Schicht Orangenscheiben belegt und mit Mousse au Chocolat bedeckt.

GÂTEAU LÉGER AU CHOCOLAT

Das Rezept für diesen Kuchen stammt von Dominique Boucher, dem ehemalige Chefkoch des Tour d'Argent in Paris. Wenn man erstklassige Schokolade verwendet, ist die Zubereitung des Kuchens fast narrensicher. Die Orangen mit Minzaroma gehören zwar nicht zum Originalrezept, aber ich halte sie für eine köstliche Ergänzung.

3 große Eier
1/3 Tasse Zucker
1/4 Tasse Weizenmehl
1/4 Tasse ungesüßtes Kakaopulver, zusätzlich etwas Kakaopulver zum Bestäuben
3 EL Butter, geschmolzen und abgekühlt
2 Tassen ›Blutorangen in Minzsirup‹, abgetropft, zusätzlich (nach Geschmack) einige Orangen in Sirup (Seite 129)
200 g gute Zartbitterschokolade
2 Tassen Sahne (38 %)

In einer großen hitzebeständigen Schüssel die Eier mit einem Handrührgerät schaumig schlagen, bis sie dick sind und eine helle Farbe aufweisen. Langsam den Zucker unterrühren und die Schüssel in ein heißes Wasserbad stellen. Die Mischung so lange schlagen, bis sie sehr dick wird. Dann die Mischung abkühlen lassen; dabei ständig schlagen.

Durch ein Sieb Mehl und 1/4 Tasse Kakaopulver sieben und die Mischung abwechselnd mit der Butter unter die Eimischung heben. Den Teig in eine gefettete und bemehlte Tortenform von 25 cm Durchmesser geben und in einem auf 180 °C vorgeheizten Backofen 25 bis 30 Minuten backen, bis der Teig sich von der Kuchenform löst. Den Boden in der Form 10 Minuten abkühlen lassen und dann auf ein Gitter stürzen, damit er auskühlen kann.

Den Boden waagerecht halbieren und einen der beiden Böden am Rand abschneiden, so daß er in eine Springform von 20 cm Durchmesser paßt. Den anderen Boden für eine spätere Verwendung aufbewahren. Nun den Boden mit der Schnittfläche nach oben in die Springform legen, mit Minzsirup bestreichen und darauf die Orangen arrangieren.

Die Schokolade in einem Topf über siedendem Wasser unter ständigem Rühren schmelzen. In einer großen Schüssel die Sahne steif schlagen, die heiße Schokoladenmasse über die Schlagsahne gießen und so lange rühren, bis sich die beiden Zutaten miteinander zu verbinden beginnen.

Die Mousse über die Orangen gießen, die Oberfläche glattstreichen und die Torte mindestens 8 Stunden (oder über Nacht) kühlen.

Dann die Torte aus der Form nehmen, mit Kakaopulver bestäuben und in schmale Stücke schneiden. Die Kuchenteller nach Wunsch mit weiteren Blutorangen in Minzsirup garnieren.

Für 8–10 Personen

GETROCKNETE ORANGENSCHALE

Die Schale von Orangen läßt sich leicht und problemlos trocknen; dabei werden die in der Schale enthaltenen ätherischen Öle konzentriert und können so süßen und pikanten Gerichten eine delikate Note verleihen. Geben Sie doch einmal ein 5 cm langes Stück Orangenschale zu einem Rind- oder Kalbsragout. Sie können die Schale aber auch mit Zucker in einem Mixer oder einer Gewürzmühle kleinmahlen und damit Kuchen und Plätzchen aromatisieren.

Bitter- und Blutorangen besitzen einen sehr intensiven Geschmack, aber einfache Orangen eignen sich genauso gut.

Bürsten Sie die Orangen unter klarem Wasser ab und tupfen Sie sie trocken. Nun entfernen Sie die Schale mit einem scharfen Küchenmesser. Vermeiden Sie dabei die weiße Schicht unter der Schale, da diese bitter schmeckt.

Dann fädeln Sie die Orangenschalenstreifen mit einer dicken Nadel nicht zu dicht auf Küchenfaden, damit sie gut trocknen können. Lassen Sie die aufgehängten Schalen in einem warmen Raum 3 bis 4 Tage trocknen, bis sie zusammenschrumpfen. Die Orangenschalenstreifen sind in einem luftdicht verschließbaren Gefäß bis zu 1 Jahr haltbar.

BLUTORANGEN IN MINZSIRUP

Blutorangen sind bei uns im Winter und meist nur für einen kurzen Zeitraum erhältlich. Deshalb lohnt es sich, diese Zitrusfrucht einzulegen. Die Blutorangen in Minzsirup schmekken pur sehr erfrischend, sie können aber auch als Tortenfüllung verwendet werden (siehe ›Gâteau Léger au Chocolat‹, Seite 128).

2,5 kg feste Blutorangen
$2^1/_2$ Tassen weißer Kandis
1 Tasse frische Minzblätter, blanchiert und trockengetupft

Die Blutorangen schälen und die Schale zum Trocknen aufbewahren (siehe getrocknete Orangenschale, links). Die Orangen über einer großen Schüssel in 0,5 cm dicke Scheiben schneiden und die Kerne entfernen. Die Orangenscheiben in die Schüssel mit dem aufgefangenen Saft legen, bis alle Zitrusfrüchte in Scheiben geschnitten sind.

Die Blutorangenscheiben in einem sterilisierten 1,5 Liter-Glas abwechselnd mit Zukker und Minzblättern übereinanderschichten. Das Glas verschließen und mindestens eine Woche im Kühlschrank ruhen lassen. Die einmal geöffnete Blutorangenmischung ist im Kühlschrank 4 bis 6 Wochen haltbar.

Ergibt 1,5 Liter

MARACUJACREME

Diese Fruchtcreme kann als Füllung für Obsttörtchen oder als Dessertsauce verwendet werden, wenn man sie mit etwas Sahne verdünnt.

1 kg Maracuja
geriebene Schale und Saft von 1 Limone
1 Tasse feinster Zucker
125 g Butter, in kleine Stücke geschnitten
4 große Eier, leicht geschlagen

Die Maracuja oder Passionsfrucht auspressen und die Kerne entfernen. Den Fruchtsaft in einem Topf oder einer schweren Kasserolle mit Zucker, Butter, Eiern, der Schale und dem Saft der Limone verrühren.

Nun die Mischung über siedendem Wasser oder auf kleiner Flamme unter ständigem Rühren 30 Minuten erhitzen, bis sich der Zukker auflöst und die Creme dicker wird. Die Mischung nicht kochen, da sonst die Eier gerinnen.

Die Maracujacreme in sterilisierte Gläser füllen und gut verschließen. Die ungeöffneten Gläser mit der Creme sind im Kühlschrank 2 bis 3 Monate haltbar. Wenn Sie die Creme länger lagern wollen, müssen Sie die Gläser im kochendheißen Wasserbad einwecken (Gläser bis zu $^1/_2$ Liter Füllmenge 10 Minuten und Gläser bis zu 1 Liter 15 Minuten).

Ergibt 1 Liter

GANZE EINGELEGTE PFIRSICHE MIT PISTAZIENCREME

Sie können statt der Pfirsiche auch ganze Aprikosen in Vanillesirup (Seite 69) verwenden. Nehmen Sie für die Creme am besten aromatische dunkelgrüne Pistazien, da deren Farbe auf Frische schließen läßt.

Zu diesen ganzen eingelegten Pfirsichen mit Pistaziencreme schmeckt ein süßer Weißwein, beispielsweise ein Sauternes.

2 Tassen geschälte Pistazien
4 ganze Pfirsiche in Mandelsirup (Seite 133), zusätzlich $^1/_4$ Tasse Sirup
$1^1/_2$ Tasse Milch
5 große Eigelb
$^1/_4$ Tasse Zucker
frische Pfefferminz- oder Zitronenblätter zum Garnieren

Die Pistazien in einem Topf mit kochendem Wasser 1 Minute blanchieren, abtropfen lassen und in einem Geschirrtuch kräftig abreiben, um die Häutchen zu entfernen. Hartnäkkige Pistazien von Hand schälen.

Die eingelegten Pfirsiche abtropfen lassen und mit $^1/_4$ Tasse Sirup beiseitestellen. $1^1/_2$ Tassen Pistazien fein hacken, die restlichen Pistazien später zum Garnieren verwenden.

In einem kleinen Topf die Pistazienstückchen mit der Milch zum Kochen bringen, den Topf vom Herd nehmen und die Mischung abgedeckt 1 Stunde ziehen lassen.

In der Zwischenzeit Eigelb und Zucker in einer Schüssel verrühren, bis die Mischung dick ist und eine helle Farbe aufweist.

Die Pistazienmilch auf kleiner Flamme aufkochen, durch ein Sieb gießen und die Pistazien wegwerfen. Nun die Milch langsam unter die Eigelbmischung geben und in einem Topf unter ständigem Rühren vorsichtig erhitzen, bis die Creme dick wird. Bis zum Servieren die Pistaziencreme mit Wachspapier abdecken.

Die Pistaziencreme auf eine große Servierplatte oder auf einzelne Teller geben, die Pfirsiche hineinlegen und mit dem Sirup beträufeln. Nun die restlichen Pistazien grob hacken und über die Pfirsiche streuen. Das Dessert mit Pfefferminzblättern garnieren.

Für 4 Personen

GANZE PFIRSICHE IN MANDELSIRUP

Vielleicht möchten Sie statt der ganzen Pfirsiche lieber halbe Früchte einlegen, da diese leichter in die Gläser gefüllt werden können. Halbieren Sie die Pfirsiche nach dem Entfernen der Haut und werfen Sie die Kerne weg.

2,5 kg kleine, reife Pfirsiche,
vorzugsweise eine Pfirsichsorte mit
leicht lösbarem Stein
4 Tassen Zucker
$^1/_4$ Tasse Mandellikör

Die Pfirsiche in einem großen Topf mit kochendem Wasser 30 Sekunden blanchieren, bis sich die Haut leicht ablösen läßt; dann in einem Sieb abtropfen lassen. Die Pfirsichhaut entfernen, solange die Früchte noch heiß sind. 2 oder 3 Pfirsiche halbieren, die Pfirsichsteine öffnen und die Kerne herausholen.

In einem großen Topf 2 l Wasser mit dem Zucker und den Pfirsichkernen auf kleiner Flamme unter ständigem Rühren erhitzen, bis sich der Zucker auflöst. Den Sirup aufkochen und die Pfirsiche darin nacheinander etwa 10 Minuten simmern lassen. Anschließend in sechs warme 1 Liter-Gläser füllen.

Den Sirup weitere 10 Minuten leicht eindikken lassen, die Kerne entfernen und den Likör unterrühren. Den Mandelsirup über die Pfirsiche gießen, die Gläser verschließen und im kochendheißen Wasserbad 20 Minuten einwecken. Die Klammern erst nach dem Erkalten der Gläser entfernen und die Verschlüsse kontrollieren.

Ergibt 6 Liter

Im Treibhaus von Stowell Park in Gloucestershire wächst eine reiche Ernte gesunder Pfirsiche und Nektarinen heran.

GESTÜRZTER ›PFIRSICHKÄSE‹

Fruchtkäse wird aus Fruchtfleisch und einer großen Menge Zucker zubereitet. Dazu kocht man die Fruchtmasse so lange, bis fast alle Flüssigkeit verdampft und der Fruchtkäse schnittfest ist. Neben den altvertrauten Pasten aus Pfirsichen, Nektarinen, Pflaumen und Quitten können auch weiche, rote Früchte zu Fruchtkäse eingedickt werden.

Diese Methode der Süßwarenherstellung ist in vielen Ländern bekannt. In England reicht man zu Weihnachten den berühmten »Damson Cheese«, ein gestürztes Pflaumenmus, das mit Sahnequark, Nüssen und einem Glas Sherry oder Portwein serviert wird. In Italien und Spanien ist die tafelförmige Quittenpaste sehr beliebt, die vor dem Servieren in Stücke geschnitten wird, und in Frankreich gibt man den Schulkindern eine Fruchtpaste (*Pâte de fruit*) in Form von kleinen rechteckigen Stückchen (siehe ›Schwarze Johannisbeerenpaste‹, Seite 98).

Die in den Vereinigten Staaten bekannten ›Fruchtlappen‹ sind ebenfalls eine Variante der Fruchtpasten: Die heiße Fruchtpaste wird dünn auf ein Stück Frischhaltefolie gestrichen, dann läßt man sie trocknen und wickelt sie anschließend auf. Zu den beliebtesten Fruchtlappen zählen die Erdbeer- und die Aprikosenlappen. Probieren Sie doch einmal Fruchtmischungen wie Apfel-Quitte oder Preiselbeere-Apfel.

1,5 kg noch nicht ganz reife Pfirsiche
1/4 Tasse frisch gepreßter Zitronensaft
ca. 750 g Zucker
2 EL fein geriebener frischer Ingwer

Die Pfirsiche in dünne Scheiben schneiden und mit 3/4 Tasse Wasser und dem Zitronensaft in einen großen Topf geben. 3 bis 4 Pfirsichsteine öffnen und die Kerne in ein Mulltuch binden und Mullsäckchen in den Topf geben.

Das Wasser auf kleiner Flamme zum Kochen bringen und die Pfirsiche 20–25 Minuten simmern lassen, bis sie sehr weich sind und mit einem Holzlöffel leicht zerdrückt werden können.

Das Mullsäckchen herausnehmen und die Pfirsiche in einem Mixer pürieren, bis sie eine gleichmäßige Masse ergeben. Das Püree eventuell zusätzlich durch ein feines Sieb passieren.

Die Fruchtmasse wiegen (nicht die Schüssel wiegen!) und auf vier Teile Püree drei Teile Zucker berechnen. Zucker und Püree in den gereinigten Topf geben.

Die Mischung unter ständigem Rühren auf kleiner Flamme erhitzen, bis sich der Zucker auflöst. Nun die Temperatur erhöhen und den Fruchtkäse 20 bis 25 Minuten kochen, bis die Masse nicht mehr zusammenläuft, wenn man mit einem Löffel über den Boden des Topfes streicht. Während der ganzen Zeit kräftig rühren, damit der Zucker nicht anbrennt. Den Topf vom Herd nehmen und den Ingwer dazugeben.

Eine dekorative Form (1 Liter Füllmenge) mit einem neutralen Pflanzenöl auspinseln und den Fruchtkäse in die Form füllen, dabei keine Vertiefungen und Ausbuchtungen der Form auslassen. Die Fruchtmasse sorgfältig mit Klarsichtfolie bedecken und kühl stellen.

Nun die Form 2 bis 3 Minuten in eine Schüssel (oder ein Waschbecken) mit heißem Wasser stellen und auf eine Servierplatte stürzen. Den Fruchtkäse in Scheiben schneiden und mit Schlagsahne und einer Sauce aus roten Früchten servieren; oder den Fruchtkäse in kleine Würfel schneiden und mit Kaffee zum Nachtisch reichen. Der Fruchtkäse ist im Kühlschrank bis zu einem Jahr haltbar; er muß aber sorgfältig mit Frischhaltefolie bedeckt werden.

Ergibt 4 Tassen

Dieser gestürzte ›Pfirsichkäse‹ verdankt sein attraktives Äußeres einer traditionellen englischen Puddingform.

the clock).
served with
before the fire or in oven.
cold or hot.

PFIRSICHE MIT HIMBEERSAHNE

Dieses Rezept zeigt auf anschauliche Weise, wie schnell man mit eingelegtem Obst ein elegantes Dessert zubereiten kann.

4 ganze Pfirsiche in Mandelsirup (Seite 133), zusätzlich 1 Tasse Sirup
1 Tasse Sahne (38 %)
3/4 Tasse Himbeerpüree (Seite 151)
1/4 Tasse geröstete Mandelstifte
frische Pfefferminzzweige zum Garnieren

Die eingelegten Pfirsiche halbieren und die Steine entfernen. Je 2 Pfirsichhälften mit der Schnittfläche nach oben auf 4 Dessertteller legen.

Die Sahne in einer Schüssel steif schlagen, 1/4 Tasse Himbeerpüree dazugeben und erneut steif schlagen. In einer anderen Schüssel das restliche Püree mit dem Mandelsirup vermischen, bis sich die Zutaten gut miteinander verbunden haben.

2 bis 3 EL dieser Himbeersauce auf jeden Teller geben und die Pfirsichhälften mit einem Klacks Himbeersahne füllen. Das Dessert mit Mandelstiften bestreuen und mit den Pfefferminzzweigen garnieren. Die restliche Himbeersahne und -sauce separat reichen.

Für 4 Personen

BEAUJOLAIS-BIRNEN MIT BACKPFLAUMEN IN CASSIS-SIRUP

In Rotwein eingelegte Birnen sind nicht nur ein köstlicher Anblick, sie schmecken auch hervorragend, denn es läßt sich kaum ein Unterschied zwischen frisch pochierten Birnen und nach diesem Rezept zubereiteten Früchten feststellen. Am besten verwenden Sie gleichgroße Birnen, damit Sie beim Füllen der Gläser Platz sparen und einen dekorativen Anblick erzielen.

4 Flaschen (à 750 ml) Beaujolais
4 Tassen Zucker
5,5 kg noch nicht ganz reife Birnen, z. B. ›Williams Christ‹ und ›Vereinsdechantbirne‹
1 Zimtstange, 7,5 cm lang
5 Gewürznelken
3 Pimentkörner
1–2 frische Rosmarinzweige
36 Backpflaumen
1/3 Tasse Crème de Cassis

Den Wein und den Zucker in einem großen Edelstahltopf langsam zum Kochen bringen; gelegentlich rühren, bis sich der Zucker auflöst. Den Topf vom Herd nehmen.

Die Birnen schälen, die Blüte, aber nicht den Stiel entfernen und die Früchte in den Rotweinsirup legen, damit sie sich nicht verfärben.

Die Zimtstange halbieren und mit den Gewürznelken und den Pimentkörnern in ein Mulltuch binden. Das Mullsäckchen zusammen mit den Backpflaumen und dem Rosmarin in den Sirup geben, erneut aufkochen und die Birnen 20 Minuten simmern lassen. Die Birnen müssen zu diesem Zeitpunkt noch nicht vollständig gar werden.

Das Gewürzsäckchen und den Rosmarin entfernen und die Birnen und Backpflaumen mit einem Schaumlöffel in große warme Gläser (2 bis 3 Liter Füllmenge) füllen. Dabei die Birnen aufrecht auf den Boden setzen und die nächste Schicht Birnen mit dem Stiel nach unten legen, gefolgt von einer Lage aufrecht stehender Birnen.

Den Sirup auf ein Viertel seiner ursprünglichen Menge eindicken lassen (ca. 750 ml), dann die Crème de Cassis unter den Sirup rühren. Die Mischung durch ein Sieb gießen, das mit einem feuchten Mulltuch doppelt ausgelegt wurde. Die passierte Flüssigkeit über die Birnen geben und die Gläser verschließen.

Die Gläser im kochendheißen Wasserbad einwecken (Gläser bis zu 2 Litern Füllmenge 1 Stunde und Gläser bis zu 3 Litern 1 Stunde und 10 Minuten).

Ergibt 6 Liter

Beaujolais-Birnen und Backpflaumen in Cassis-Sirup mit einem Klacks Crème fraîche.

Dieses Ragout wurde aus gebratener Ente und eingelegten Birnen in Essigsirup zubereitet.

ENTENRAGOUT MIT EINGELEGTEN BIRNEN

Reichen Sie Dampfkartoffeln oder frische Nudeln zu diesem Ragout.

2,25 kg Ente, in 6 Portionen unterteilen und überschüssiges Fett entfernen
2–3 EL Mehl
4 EL Olivenöl
8 pochierte Birnen in ›Schwarzem Johannisbeer-Essigsirup‹ (Seite 141), zusätzlich $^1/_4$ Tasse Sirup
1 Zwiebel, in dünne Scheiben geschnitten
1 Karotte, in dünne Scheiben geschnitten
Salz und frisch gemahlener Pfeffer
1 Tasse Hühnerfond oder Wasser
1 Bündel Suppengrün mit Kräutern (Seite 237)
2 EL Butter

Die Entenstücke leicht mit Mehl bestreuen, 2 EL Öl in einer großen Schwenkpfanne bei mittlerer Hitze erhitzen, bis es sehr heiß ist, aber noch nicht raucht; darin die Ente anbraten. Das Fleisch auf einen Teller legen, das Fett weggießen und die Pfanne mit Küchentüchern auswischen, aber alle braunen Stückchen in der Pfanne lassen. Nun $^1/_4$ Tasse Essigsirup dazugeben und auf großer Flamme unter ständigem Rühren ablöschen, bis der Sirup auf die Hälfte eingedickt ist. Den Essigsirup über die Ententeile gießen.

Das restliche Öl in der Pfanne erhitzen und die Zwiebel und die Karotte darin anbraten; mit Pfeffer und Salz vorsichtig würzen. Dann den Hühnerfond, das Suppengrün, die Ententeile und den auf dem Teller angesammelten Fleischsaft dazugeben. Die Flüssigkeit zum Kochen bringen und die Ententeile 30 Minuten bedeckt simmern lassen.

Nun die Entenbruststücke herausnehmen und dann die restlichen Zutaten weitere 20–30 Minuten schmoren, bis das Fleisch sehr zart ist.

In der Zwischenzeit das Brustfleisch von den Knochen lösen, in 3 oder 4 Teile schneiden und zusammen mit den 8 Birnenhälften in eine flache Backform legen.

Das geschmorte Entenfleisch hinzufügen. Die Butter mit dem Bratenfond verrühren und über das Fleisch gießen. Das Ragout kann man bis zu diesem Punkt im voraus zubereiten, es muß aber vor dem Servieren 10 Minuten in einem auf 180 °C vorgeheizten Backofen erhitzt werden, bis die Birnen durchgewärmt sind.

Für 4 Personen

BIRNEN IN AHORNSIRUP

Diese eingelegten Birnen lassen sich nicht nur zur Füllung von Obsttörtchen und Kuchen verwenden, man kann sie auch in Ahornsirup erhitzen und mit frischer Sahne servieren oder im Backofen backen und mit Sirup übergießen, damit sie eine dicke Glasur erhalten.

2 Tassen dicht gehäufter brauner Zucker
2 EL frisch gepreßter Zitronensaft
1 Tasse Ahornsirup
2,5 kg kleine Kochbirnen

In einem großen Topf den braunen Zucker mit 5 Tassen Wasser und dem Zitronensaft vermischen und unter ständigem Rühren auf kleiner Flamme erhitzen, bis sich der Zucker auflöst. Den Ahornsirup dazugeben.

Die Birnen schälen, die Stiele aber nicht entfernen, und mit einem Schaumlöffel in den Sirup legen. Die Flüssigkeit zum Kochen bringen und die Birnen 5 Minuten simmern lassen. Die Birnen in warme 1 Liter-Gläser füllen, dabei die erste Schicht aufrecht auf den Boden setzen und die nächste Lage Birnen mit dem Stiel nach unten legen, gefolgt von einer Schicht aufrecht stehender Birnen.

Den Sirup bei mittlerer Hitze ein wenig eindicken und über die Birnen gießen. Die Gläser verschließen und im kochendheißen Wasserbad 20 Minuten einwecken. Die Klammern erst nach dem Erkalten der Gläser entfernen.

Ergibt 3 Liter

VANILLE-BIRNENKONFITÜRE MIT FRUCHTSTÜCKCHEN

Der Obstsaft und der natürliche Fruchtzucker der Birnen verleihen dieser Konfitüre die richtige Süße, so daß sie keinen zusätzlichen Zukker benötigt. Die Konfitüre eignet sich zur Füllung von Obstkuchen und als Brotaufstrich für getoastete Napfkuchenscheiben.

2,5 kg Birnen, vorzugsweise ›Williams Christ‹
geriebene Schale von 1 Zitrone
2 EL frisch gepreßter Zitronensaft
2 l ungesüßter Apfelsaft oder heller Traubensaft
1 Vanilleschote, der Länge nach halbiert

Die Birnen schälen, vierteln und entkernen. Anschließend in kleine Würfel hacken und in einer Schüssel mit dem Saft und der Schale der Zitrone wälzen. Beiseite stellen.

In einem großen Topf den Apfel- oder Traubensaft mit der Vanilleschote bei mittlerer Hitze auf die Hälfte eindicken. Die Vanilleschote entfernen und die Birnen mit ihrem Saft dazugeben. Die Mischung bei mittlerer Hitze unter ständigem Rühren etwa 30 bis 40 Minuten kochen lassen, bis der Gelierpunkt erreicht ist. Die Konfitüre in warme, sterilisierte Gläser füllen und die Gläser verschließen.

Ergibt 1,5 Liter

Eine prallgefüllte Stiege mit Birnen bietet Ihnen die Möglichkeit, einmal die unterschiedlichsten Zubereitungsmethoden dieser Früchte auszuprobieren, beispielsweise ganze, pochierte Birnen in Sirup, Birnen-Chutneys oder Birnenkonfitüren.
Folgende Doppelseite: Reineclauden und Pflaumen der Sorte ›Victoria‹, im Hintergrund Weideland der Grafschaft Durham.

PEKANNUSSTORTE MIT AHORN-BIRNEN

2 Tassen ganze Pekannüsse, geröstet, zusätzlich 1 Tasse feingehackte Pekannüsse
2 EL Weizenmehl
6 große Eier, getrennt
$^3/_4$ Tasse Zucker, zusätzlich 2 EL Zucker
1 Prise Salz
4 Birnen in Ahornsirup (Seite 129), abgetropft
1 Tasse Sahne (38 %)

Die gerösteten Pekannüsse mit dem Mehl in einen Mixer geben und feinmahlen. Beiseite stellen.

Das Eigelb in einer großen Schüssel schlagen, bis es dick wird und eine helle Farbe aufweist. Langsam $^1/_2$ Tasse Zucker dazugeben und verrühren, bis die Mischung bandförmig (d. h. nicht in einzelnen Tropfen) vom Löffel rinnt. In einer anderen Schüssel das Eiweiß mit der Prise Salz schaumig schlagen, langsam $^1/_4$ Tasse Zucker dazugeben und die Baisermasse steif schlagen.

Die Pekannußmischung sorgfältig und vorsichtig unter die Eigelbmixtur heben. Nun die Nußmasse mit einem Eßlöffel Baisermasse auflockern und anschließend langsam unter die restliche Baisermasse ziehen. (Nicht zu stark verrühren, da die Baisermasse sonst zusammenfällt.)

Den Teig in eine gefettete und bemehlte Springform von etwa 22 cm Durchmesser geben und in einem auf 180 °C vorgeheizten Backofen 45–50 Minuten backen, bis der Teig sich von der Kuchenform löst. Den Boden in der Form auf einem Kuchengitter 30 Minuten abkühlen lassen.

In der Zwischenzeit die Birnen halbieren, das Kerngehäuse entfernen und die Birnenhälften in 6 bis 8 dünne Scheiben schneiden; beiseite legen. Die Sahne mit 2 EL Zucker steif schlagen.

Den Tortenboden auf den Boden einer Springform von 25 cm Durchmesser stürzen, dann den Tortenboden waagerecht halbieren und die untere Hälfte mit der Schlagsahne bestreichen. Die Birnenscheiben auf die Sahne legen und mit der anderen Tortenbodenhälfte bedecken. Mit der restlichen Sahne den Rand und die Oberfläche der Torte bestreichen. Nun die gehackten Pekannüsse mit einem Teigschaber an den Tortenrand drükken. Die Torte mit Frischhaltefolie leicht bedecken und vor dem Servieren mindestens 1 bis 6 Stunden kühlen.

Für 8–10 Personen

POCHIERTE BIRNEN MIT SCHWARZEM JOHANNISBEER-ESSIG-SIRUP

Der Essigsirup verleiht den Birnen eine scharfe, pikante Note, so schmecken sie hervorragend zu einem Enten- oder Wildragout.

$2\frac{1}{2}$ Tassen Zucker
6–7 noch nicht ganz reife Birnen, vorzugsweise ›Williams Christ‹
6 Pimentkörner
7,5 cm lange Zimtstange
4 Gewürznelken
Schale von 1 Zitrone
6 EL schwarzer Johannisbeeressig, eventuell etwas mehr Essig zum Auffüllen der Gläser
6 Lorbeerblätter

In einem großen Topf den Zucker mit 6 Tassen Wasser vermischen und auf kleiner Flamme erhitzen, bis sich der Zucker auflöst. Gelegentlich umrühren.

Die Birnen schälen und der Länge nach halbieren, dabei auch den Stiel halbieren. Holzige Fasern beseitigen und das Kerngehäuse ausstechen. Die Birnenhälften sofort in den Sirup legen, damit sie sich nicht verfärben.

Die Zimtstange mit den Gewürznelken und den Pimentkörnern in ein Stück Mulltuch binden. Das Mullsäckchen zusammen mit der Zitronenschale in den Sirup geben, den Sirup erneut bei mittlerer Hitze langsam aufkochen und die Birnen 30–40 Minuten simmern lassen, bis sie weich sind.

Die Birnen in drei warme 1 Liter-Gläser füllen und jeweils 2 EL Essig und 2 Lorbeerblätter dazugeben.

Das Gewürzsäckchen entfernen, den Sirup auf großer Flamme auf 5 Tassen eindicken und durch ein Sieb in einen großen Steinkrug füllen. Nun den Sirup über die Birnen gießen und die Gläser, falls notwendig, mit zusätzlichem Essig auffüllen. Die Gläser verschließen und im kochendheißen Wasserbad 45 Minuten einwecken. Die Klammern erst nach dem Erkalten der Gläser entfernen und die Verschlüsse kontrollieren.

Ergibt 3 Liter

REINECLAUDEN-KONFITÜRE

Mit der folgenden Methode zur Konfitürenherstellung erzielen Sie einen besonders intensiven Fruchtgeschmack, denn die Früchte werden zuerst in Zucker eingeweicht und dann in ihrem eigenen Saft gekocht. Selbstverständlich können Sie auch andere Pflaumensorten verwenden, beispielsweise Santa Rosa oder Damaszenerpflaumen.

2,5 kg noch nicht ganz reife Reineclauden
1,5 kg Zucker
2 EL frisch gepreßter Zitronensaft

Die Pflaumen halbieren und entsteinen. Die Früchte wiegen und für etwa 500 g Pflaumen 250–350 g Zucker berechnen (je nach Süße der Pflaumen).

Die Pflaumen mit dem Zucker in eine Schüssel geben und abgedeckt mindestens 8 Stunden (oder über Nacht) ziehen lassen.

Die Pflaumen mit ihrem Saft in einem großen Topf auf kleiner Flamme zum Kochen bringen, den Zitronensaft dazugeben und die Mischung 30 bis 40 Minuten simmern lassen, bis der Gelierpunkt erreicht ist.

Die Konfitüre in warme, sterilisierte Gläser füllen und die Gläser verschließen.

Ergibt 1,5 Liter

BACKPFLAUMEN IN YUNNANTEE UND ARMAGNAC

Fast alle Pflaumensorten lassen sisch gut trocknen, und die *Prune d'Agen* aus der südfranzösischen Stadt Agen zählt zu den schmackhaftesten. In Agen werden die Pflaumen an der Sonne getrocknet und bleiben so weich und wohlschmeckend. Da auch der Armagnac aus dieser Gegend stammt, ergibt sich eine köstliche Kombination.

- $^1/_2$ Tasse Yunnanteeblätter, oder Blätter eines anderen Rauchtees, wie z. B. Lapsang Souchong
- 2 kg ungeschwefelte entsteinte Backpflaumen
- 2 Tassen brauner Zucker
- 4 Tassen Armagnac
- 4 Streifen getrocknete Orangenschale (Seite 129)

In einem Topf 2 l Wasser aufkochen, die Teeblätter in eine große Schüssel geben und das kochende Wasser darübergießen; den Tee ca. 5 Minuten ziehen lassen.

Die Backpflaumen in eine große Schüssel legen, den heißen Tee durch ein Sieb über die Pflaumen gießen und abkühlen lassen. Die Schüssel abdecken und die Pflaumen über Nacht einweichen.

In einem großen Topf den braunen Zucker mit 2 Tassen Wasser vermischen, die Mischung zum Kochen bringen und unter ständigem Rühren simmern lassen, bis sich der Zucker auflöst. Den Armagnac in den abgekühlten Sirup rühren.

Die Backpflaumen abtropfen lassen, trokkentupfen und in vier 1 Liter-Gläser füllen. In jedes Glas einen Streifen Orangenschale geben und den Sirup über die Backpflaumen gießen. Die Gläser verschließen und im kalten Wasserbad 15 Minuten einwecken. Die Klammern erst nach dem Erkalten der Gläser entfernen und die Verschlüsse kontrollieren.

Ergibt 4 Liter

PFLAUMEN-CHUTNEY

Dieses Chutney schmeckt hervorragend zu kaltem Fleisch und scharfem Cheddarkäse und ergibt darüber hinaus eine schmackhafte Marinade für Schweine- oder Hühnerfleisch (siehe ›Hühnerkebab mit Pflaumen-Chutney‹, Seite 147).

- 1 kg noch nicht ganz reife Pflaumen
- 1 kg Kochäpfel
- 500 g Zwiebeln, in dünne Scheiben geschnitten
- 2 Knoblauchzehen, fein gehackt
- 2,5 cm langes Stück frischer Ingwer, geschält und kleingehackt
- 1 EL Senfkörner
- 1 EL Salz
- 2 Tassen Rotweinessig
- $2^1/_2$ Tassen brauner Zucker

Die Pflaumen vierteln und entsteinen; die Kochäpfel schälen, entkernen und grob hakken.

In einem großen Topf Pflaumen, Äpfel, Zwiebeln, Knoblauch, Ingwer, Senfkörner und Salz auf kleiner Flamme aufkochen und 30 Minuten simmern lassen, bis die Zutaten weich sind und mit einem Holzlöffel leicht zerdrückt werden können.

Den Essig und den braunen Zucker dazugeben und das Chutney 30 bis 45 Minuten kochen lassen, bis es dicker wird und der Essig vollständig aufgesogen ist. Ab und zu umrühren, damit nichts ansetzt.

Das Chutney in warme, sterilisierte Gläser füllen und die Gläser verschließen. Die verschlossenen Gläser an einem kühlen, dunklen Ort mindestens 6 Wochen ruhen lassen.

Ergibt 3 Liter

Die französischen Prunes d'Agen werden traditionell in Armagnac eingelegt und als Digestif oder als Nachtisch mit Vanilleeis gereicht.

Dollar up

HÜHNERKEBAB MIT PFLAUMEN-CHUTNEY

Dieses Chutney ergibt eine schmackhafte Marinade für Hühnerfleisch, das gebacken oder gegrillt werden soll, und es schmeckt hervorragend zu kaltem Schweinefleisch.

1 kg Hühnerkeulen
1 Tasse Pflaumen-Chutney (Seite 144)
$^1/_2$ Tasse Naturjoghurt
$^1/_2$ TL Chilipulver
$^1/_2$ TL Kurkuma (Gelbwurz)
2 EL Olivenöl
125 g Silberzwiebeln, geschält
500 g Zucchini, in 2,5 cm dicke Scheiben geschnitten

Die Haut von den Hühnerkeulen abziehen und das Fleisch einschließlich der Knochen mit einem Beil in 3,5 cm lange Stücke hacken.

Das Chutney mit einem Löffel sorgfältig durch ein Sieb streichen. Joghurt, Chilipulver, Gelbwurz und Öl zum passierten Chutney geben, die Hühnchenteile in die Marinade legen und abgedeckt mehrere Stunden bei Zimmertemperatur ziehen lassen.

Das Hühnerfleisch abwechselnd mit den Silberzwiebeln und den Zucchinischeiben auf vier Fleischspieße spießen. Die Kebabs auf einem Holzkohlegrill 15 Minuten grillen oder in einer Pfanne braten, dabei mit der restlichen Marinade beträufeln und häufig wenden.

Für 4 Personen

DAMASZENERPFLAUMEN-KONFEKT

Unter dem Begriff ›Fruchtkonfekt‹ versteht man eine Fruchtmischung aus mindestens einer Zitrusfrucht und getrocknetem Obst und Nüssen. Dieses Konfekt mit exotischem Geschmack ist relativ flüssig und man kann es mit dem Löffel essen.

2 kg Damaszenerpflaumen
1 Orange, geschält, entkernt und in kleine Stücke geschnitten
1 Zitrone, geschält, entkernt und in kleine Stücke geschnitten
2 Tassen getrocknete Johannisbeeren oder gehackte Datteln
4 Tassen Zucker
2 Tassen grob gehackte Walnüsse
½ TL gemahlener Kardamom
½ TL gemahlener Zimt

Die Pflaumen vierteln und entsteinen. Die Orange und die Zitrone in einem Fleischwolf (mit grober Mahlscheibe) grob hacken, aber nicht pürieren.

Pflaumen, Orange, Zitrone, Johannisbeeren und Zucker in eine große Schüssel geben und abgedeckt über Nacht einweichen lassen.

Die Mischung in einem großen Topf unter ständigem Rühren auf kleiner Flamme erhitzen und 45 Minuten kochen lassen, bis der Gelierpunkt erreicht ist. Die gehackten Nüsse und die Gewürze dazugeben.

Das Pflaumenkonfekt in warme, sterilisierte Gläser füllen und die Gläser verschließen.

Ergibt 1,5 Liter

PFLAUMENEIS

Diese Eiscreme läßt sich auch mit anderen Fruchtkonfekten zubereiten, z. B. mit einem Fruchtkonfekt aus Preiselbeeren, Birnen und Pekannüssen (Seite 94).

2 Tassen Milch
1 Zimtstange, 7,5 cm lang
6 große Eigelb
⅔ Tasse Zucker
1 Tasse Damaszenerpflaumen-Konfekt (siehe oben)

Die Milch mit der Zimtstange in einem kleinen Topf zum Kochen bringen und abgedeckt 15 bis 20 Minuten ruhen lassen.

In einer Schüssel das Eigelb schlagen, bis es hell und luftig ist; langsam den Zucker dazugeben. Nun die Zimtstange entfernen und die Milch unter ständigem Rühren langsam zur Eigelbmischung hinzufügen.

Die Eiercreme in einem Topf auf kleiner Flamme erhitzen, bis sie dick wird. Die Creme durch ein Sieb in eine Metallschüssel passieren, die in eine zweite Schüssel mit Eis gesetzt wird. Die Creme abkühlen lassen, dabei gelegentlich umrühren.

Die Eiercreme in einen Eiscremebereiter füllen und entsprechend der Gebrauchsanweisung einfrieren. Sobald die Creme fest ist, das Fruchtkonfekt dazugeben und das Ganze ein paar mal verrühren, damit sich die Früchte gut verteilen. (Nicht zu stark verrühren!)

Ergibt 1 Liter

PITTS-DEEP-QUITTENKONFITÜRE

Diese Quittenkonfitüre zählt zum eisernen Vorrat von Pitts Deep, dem Landhaus meiner Freunde, der Campbells. Bei dieser Konfitüre handelt es sich eigentlich um eine Mischung aus Gelee und Konfitüre.

2 kg Quitten
4 Tassen Zucker
⅓ Tasse frisch gepreßter Zitronensaft

Die Hälfte der Quitten (einschließlich Schale und Kerngehäuse) grob hacken, die andere Hälfte beiseitestellen. Die gehackten Quittenstücke mit 4 Tassen Wasser in einem großen Topf auf kleiner Flamme zum Kochen bringen und die Früchte 30–45 Minuten simmern lassen, bis sie sehr weich sind.

Die heiße Fruchtmasse in ein feuchtes Safttuch gießen und mindestens 12 Stunden (oder über Nacht) durchlaufen lassen.

In einem großen Topf den Zucker mit dem passierten Saft vermischen und unter ständigem Rühren auf kleiner Flamme erhitzen, bis sich der Zucker auflöst.

Während die Mischung leise köchelt, die restlichen Quitten schälen, entkernen und entweder in dünne Scheiben oder in große Würfelstücke schneiden.

Den Sirup aufkochen, die Quittenstückchen oder -scheiben und den Zitronensaft dazugeben und 30 Minuten simmern lassen, bis die Früchte weich sind. Den Schaum abschöpfen. Die Mischung erneut aufkochen und weitere 15 Minuten kochen lassen, bis der Gelierpunkt erreicht ist.

Die Konfitüre in warme, sterilisierte Gläser füllen und die Gläser verschließen.

Ergibt 3 Liter

SCHLEHEN-GIN

Die Schlehe – auch Schwarzdorn (*Prunus spinosa*) genannt – ist die Steinfrucht einer wilden Pflaume. Man findet sie häufig als kleine Bäume oder struppige Sträucher in verwilderten Hecken. Die kleinen schwarzen Schlehdornbeeren sind ca. 1 cm dick und recht sauer. Aus diesem Grund werden sie auch nicht gerne roh gegessen. In England aromatisiert man Gin mit diesen Beeren: Die Schlehen werden im Oktober gepflückt, und der Schlehen-Gin ist dann bis Weihnachten reif. Obwohl die Zuckerangaben in den traditionellen Rezepten von einigen Eßlöffeln bis hin zu 2 Tassen pro 450 g Schlehen reichen können, empfehle ich die folgende Rezeptur für einen milden Gin mit kaum merklicher Süße.

500 g reife Schlehen
3 EL Zucker
1 Flasche (750 ml) Gin
1–2 Bittermandeln, falls erhältlich

Die Schlehen mit dem Zucker, dem Gin und den Mandeln in ein 1 Liter-Glas füllen und an einem kühlen, dunklen Ort mindestens 2 bis 6 Monate ruhen lassen. In den ersten Wochen das Glas einmal wöchentlich umdrehen, damit sich der Zucker besser verteilt.

Dann die Flüssigkeit durch ein Sieb passieren, das mit einem feuchten Mulltuch doppelt ausgelegt wurde; die Fruchtrückstände wegwerfen. Den Gin mit Hilfe eines Trichters in eine Flasche füllen und die Flasche fest verschrauben oder verkorken. Der Schlehen-Gin ist unbegrenzt haltbar.

Ergibt 1 Liter

Preisgekrönte, selbstgekelterte Obstweine bei der Landwirtschaftsausstellung in Brightstone auf der Isle of Wight.

HIMBEEREN IN GEIST

Himbeeren, die in der Sonne gereift sind und in Alkohol eingelegt werden, zählen zu den köstlichsten selbstzubereiteten Delikatessen. Man reicht sie entweder als Digestif, verwendet sie als Pralinenfüllung oder serviert sie zu sahnigem Mascarpone und frischen Pfefferminzblättern.

1 kg Himbeeren, zusätzlich 4 Himbeerblätter (nach Geschmack)
2 Tassen Zucker
4 Tassen Himbeergeist

Die Himbeeren mit dem Zucker und den Himbeerblättern in zwei 1,5 Liter-Gläser füllen.

Den Himbeergeist auf die Gläser verteilen. Die Gläser verschließen und an einem kühlen, dunklen Ort einen Monat ruhen lassen.

Ergibt 3 Liter

HIMBEER- ODER BROMBEERPÜREE

Ein Fruchtpüree ist die beste Methode, um mit einem Überangebot an frischen Himbeeren oder Brombeeren fertig zu werden. Es empfiehlt sich, dieses Püree erst bei späterem Gebrauch zu süßen.

10 Tassen Himbeeren oder Brombeeren
$^1/_4$ Tasse frisch gepreßter Zitronensaft

Die Beeren zusammen mit dem Zitronensaft schubweise in einem Mixer pürieren und durch ein feinmaschiges Sieb streichen, um die Samenkörnchen zu entfernen. Das Fruchtpüree portionsweise in Tiefkühlbehälter oder Gefrierbeutel füllen und einfrieren.

Ergibt 5–6 Tassen

Hier im Garten von Rodmarton Manor in Gloucestershire wurden frisch gepflückte Himbeeren auf großen Tellern ausgebreitet, damit sie sich nicht gegenseitig zerdrücken und zerquetschen.

KONFITÜRE AUS ROTEN HIMBEEREN

Ein warmes Croissant mit Butter und Himbeerkonfitüre gehört für mich zu den schönsten Augenblicken des Tages. Am besten bereiten Sie Ihre Konfitüre selbst zu, da die im Handel erhältlichen Produkte meist zu süß sind, zu wenig Fruchtgeschmack aufweisen und viel zuviel Geliermittel enthalten. Diese Himbeerkonfitüre wird nach einem relativ einfachen Rezept hergestellt, aber ihre Qualität hängt von den verwendeten Himbeeren ab; nehmen Sie deshalb am besten frisch gepflückte, sonnengereifte Früchte.

3,5 kg Himbeeren
8 Tassen Zucker
2 EL frisch gepreßter Zitronensaft

Die Himbeeren nicht waschen; statt dessen beschädigte Beeren mit angestoßenen Stellen und schmutzige Himbeeren aussortieren.

Die Himbeeren mit 4 Tassen Zucker in eine große Schüssel geben und die Schüssel abgedeckt mindestens 12 Stunden (oder über Nacht) stehen lassen.

Den Fruchtsaft durch ein Sieb passieren und mit dem restlichen Zucker unter ständigem Rühren auf kleiner Flamme erhitzen, bis sich der Zucker auflöst. Die Himbeeren und den Zitronensaft dazugeben und dann die Mischung erneut 15 bis 20 Minuten kochen lassen, bis der Gelierpunkt erreicht ist. Den Schaum abschöpfen. (Für eine Konfitüre ohne Samenkörnchen die Fruchtmischung durch ein feines Sieb streichen und erneut zum Kochen bringen.)

Die Himbeerkonfitüre in warme, sterilisierte Gläser füllen und die Gläser verschließen.

Ergibt 4 Liter

HASELNUSSBAISERTORTE MIT HIMBEERSAHNEFÜLLUNG

Die Haselnußbaisermasse kann zwei Tage im voraus zubereitet werden, und die Schichttorte läßt sich bereits mehrere Stunden vor dem Servieren fertigstellen.

8 große Eiweiß
1 Prise Salz
1 Tasse Kristallzucker
1 Tasse Haselnüsse, ohne Schale, geröstet und fein gemahlen
$1\frac{1}{2}$ Tassen Sahne (38 %)
$1\frac{1}{2}$ Tassen Himbeeren in Geist (Seite 151), abgetropft, zusätzlich 2 EL Himbeergeist
Puderzucker zum Bestäuben

Das Eiweiß mit dem Salz in einer großen Schüssel steif schlagen; langsam $\frac{3}{4}$ Tasse Kristallzucker dazugeben und erneut sehr steif schlagen. Nun die Haselnüsse unterheben. Die Baisermasse in zwei runde, gefettete Springformen von 20 cm Durchmesser geben und in einem auf 140 °C vorgeheizten Backofen 20 Minuten backen. Dann den Backofen abschalten und ca. die Baiserböden im Ofen 2 Stunden trocknen lassen.

Nun den Rand der Springformen entfernen und jeden Boden mit einem Sägemesser waagerecht halbieren.

Die Sahne mit dem restlichen Kristallzukker und dem Himbeergeist steif schlagen.

Einen Baiserboden auf eine Kuchenplatte legen, mit einem Drittel der Schlagsahne bestreichen und $\frac{1}{2}$ Tasse Himbeeren auf die Sahneschicht geben. Die Fruchtschicht mit dem nächsten Baiserboden belegen, darüber die Hälfte der restlichen Sahne und $\frac{1}{2}$ Tasse Himbeeren geben. Nun den dritten Baiserboden darauflegen und mit der restlichen Sahne und den Himbeeren bestreichen. Zum Schluß den vierten Baiserboden mit der Schnittfläche nach unten auf die Torte legen und mit Puderzucker bestäuben.

Für 12 Personen

In Alkohol eingelegte Früchte verfeinern jede Torte. In diesem Fall verleihen die Himbeeren in Geist der Haselnußbaisertorte mit Himbeersahnefüllung ihren besonderen Geschmack.

HIMBEERESSIG

Himbeeressig zählt zwar nicht zu den unerläßlichen Bestandteilen einer gut sortierten Küche; seine Herstellung bietet sich aber geradezu an, wenn man einen Überschuß an Himbeeren hat, die zu reif zum Einmachen sind. Verwenden Sie den Himbeeressig doch einmal zum Beträufeln von Obstsalaten oder in einer Mayonnaise, die Sie zu kaltem Fleisch reichen. Er eignet sich aber auch zum Ablöschen von Bratensaft und bildet so die Grundlage für spezielle Saucen.

1 kg Himbeeren
1 l Weißweinessig

Die Himbeeren mit dem Essig in ein großes Glas (2,5–3 l) mit einem kunststoffbeschichteten Deckel füllen, das Glas verschließen und mindestens 3 Wochen ruhen lassen. (Am besten stellen Sie das Glas in pralles Sonnenlicht, damit der Fruchtsaft schneller in den Essig übergeht.)

Den Essig durch ein Sieb passieren, das mit einem feuchten Mulltuch doppelt ausgelegt wurde. Nun den Essig auf großer Flamme um ein Viertel der ursprünglichen Menge eindikken lassen.

Den Himbeeressig in warme, sterilisierte Gläser füllen und die Gläser verschließen.

Ergibt 1 Liter

SONNTAGS-GATEAU

Dieser Gateau gehört zu den Lieblingskuchen von Albert Jorant, dem *Maître de pâtisserie* der Kochschule La Varenne in Paris. Seinen Namen erhielt der Kuchen aufgrund der Tatsache, daß man ihn Mittwochs zubereiten und bis zum Sonntag aufbewahren kann. Falls Ihnen keine Himbeeren zur Verfügung stehen, können Sie ebenso gut eine Konfitüre verwenden, wie es eigentlich im Originalrezept auch vorgesehen ist.

5 große Eier (1 ganzes Ei, 4 Eiweiß, 3 Eigelb; das 4. Eigelb für eine spätere Verwendung aufheben)
$1^1/_4$ Tassen Zucker
1 Tasse gemahlene Mandeln
$^1/_2$ Tasse ungesüßtes Kakaopulver
$^1/_3$ Tasse Weizenmehl
$^1/_2$ TL Backpulver
1 Prise Salz
3 EL Butter, geschmolzen und abgekühlt
450 Zartbitterschokolade
$1^1/_3$ Tassen Sahne (38 %)
1 Tasse Himbeeren in Geist (Seite 151), abgetropft, zusätzlich $^1/_4$ Tasse Himbeergeist

Das ganze Ei und die 3 Eigelb mit einem Handrührgerät in einer großen Schüssel so lange schlagen, bis die Mischung dicker wird und eine helle Farbe aufweist. Langsam $^1/_2$ Tasse Zucker dazugeben und verrühren, bis die Masse sehr locker und luftig ist. Nun die Mandeln unterheben.

Kakaopulver, Mehl, Backpulver und Salz durch ein Sieb in eine Schüssel sieben und die Mischung abwechselnd mit der geschmolzenen Butter zur Eiercreme geben.

In einer anderen Schüssel die 4 Eiweiß steif schlagen und langsam $^1/_4$ Tasse Zucker unterrühren. Die Baisermasse erneut sehr steif schlagen.

Nun die Schokoladenmasse mit einem Viertel der Baisermasse auflockern und anschließend langsam unter die restliche Baisermasse ziehen. Den Teig in eine gefettete und bemehlte Kastenform (22 x 10 x 7,5 cm) geben und in einem auf 180 °C vorgeheizten Backofen 40–45 Minuten backen, bis an einem (in den Kuchen gesteckten) Holzspieß kein Teig mehr hängen bleibt. Den Kuchen in der Form auf einem Kuchengitter auskühlen lassen.

In der Zwischenzeit die Zartbitterschokolade grob hacken und in eine hitzebeständige Schüssel geben. Die Sahne in einem kleinen Topf kurz aufkochen lassen, über die Schokolade gießen und die Masse sehr gut verrühren. Die Füllung ca. 2 Stunden kühlen, bis sie fest ist.

In einem kleinen Topf den restlichen Zukker mit $^1/_2$ Tasse Wasser vermischen und unter ständigem Rühren auf kleiner Flamme erhitzen, bis sich der Zucker auflöst. Den Sirup ca. 1 Minute kochen und dann abkühlen lassen. Nun den Himbeergeist dazugeben.

Den Kuchen waagerecht in 4 Schichten schneiden und 3 Schichten mit dem Himbeergeistsirup bestreichen. Jeweils $^1/_3$ Tasse Himbeeren auf die angefeuchteten Kuchenschichten legen und beiseitestellen.

Die Hälfte der Schokoladenmasse in eine Schüssel geben (die andere Hälfte wieder in den Kühlschrank stellen) und mit einem Handrührgerät locker und luftig schlagen. Die Schokoladenmasse halbieren und mit einer Hälfte die Himbeerschichten bestreichen. Nun alle vier Kuchenschichten zusammensetzen, den Kuchen mit der restlichen Schokoladenmasse von allen Seiten überziehen und ca. 2 Stunden kühlen, bis er fest ist.

Zum Schluß die restliche Schokoladenmasse aus dem Kühlschrank nehmen und unter ständigem Rühren vorsichtig erwärmen. Ein Kuchengitter auf ein Stück Wachspapier stellen und den Kuchen auf dieses Kuchengitter legen. Die geschmolzene Schokolade über den Kuchen gießen und mehrere Stunden bei Zimmertemperatur zu einer glänzenden Glasur erstarren lassen.

Ergibt 1 Kastenkuchen

EBERESCHEN-HOLZAPFEL-GELEE

Die Beeren der Eberesche besitzen einen tiefen Orangeton und sind ungekocht nicht genießbar. Nur Vögel, besonders die Seidenschwänze, finden an den rohen Beeren Gefallen und plündern die Bäume regelrecht. Das säuerliche Ebereschengelee paßt – wie Minzgelee – sehr gut zu Fleisch; es kann aber auch zum Ablöschen von Bratensaft verwendet werden und so die Grundlage für eine Sauce bilden.

750 g Ebereschenbeeren
750 g Holzäpfel
3 Tassen Zucker

Die Beeren und die Äpfel grob hacken und in einem großen Topf mit 3 Tassen Wasser zum Kochen bringen. Die Früchte 45 bis 60 Minuten simmern lassen, bis sie sehr weich sind und mit einem Holzlöffel zerdrückt werden können.

Die heiße Fruchtmasse in ein feuchtes Safttuch gießen und mindestens 12 Stunden (oder über Nacht) durchlaufen lassen.

Den passierten Fruchtsaft mit einem Meßbecher messen. In einem großen Topf den Zucker mit 1 Liter Saft vermischen und unter ständigem Rühren auf kleiner Flamme erhitzen, bis sich der Zucker auflöst. Den Sirup aufkochen und 25 Minuten kochen lassen, bis der Gelierpunkt erreicht ist. Den Schaum abschöpfen.

Das Gelee in warme, sterilisierte Gläser füllen und die Gläser verschließen.

Ergibt 3 Tassen

WEIZENKÜCHLEIN MIT EBERESCHEN-HOLZAPFEL-GELEE

Diese Weizenküchlein lassen sich sehr schnell zubereiten und schmecken dank der säuerlichen Füllung köstlich zu gebratenem Wildgeflügel oder sautierter Entenbrust.

2 große Eier
1 Tasse Milch
1 EL Butter, geschmolzen und abgekühlt
1 Tasse Weizenmehl
½ TL Salz
½ Tasse Ebereschen-Holzapfel-Gelee (siehe links)

8 Souffléförmchen oder gußeiserne Muffinförmchen (125 ml Füllmenge) mit Pflanzenöl auspinseln und 10 Minuten in einem Backofen bei 230 °C vorwärmen; den Backofen nicht abstellen.

In der Zwischenzeit Eier, Milch und Butter in einer Schüssel mischen und schubweise Mehl und Salz (durch ein Sieb) dazugeben und verrühren.

Nun die heißen Förmchen zu einem Drittel mit Teig füllen und 15 Minuten backen. Den Backofen auf 180 °C stellen und die Küchlein weitere 15 Minuten backen, bis sie goldbraun sind.

Mit einem scharfen Messer die Weizenküchlein in der Mitte öffnen, einen Eßlöffel Gelee hineingeben und sofort servieren.

Ergibt 8 Küchlein

KRAPFEN MIT EINER FÜLLUNG AUS ERDBEERKONFITÜRE

Selbstgemachte Krapfen schmecken frisch am besten, und das nicht nur mit Erdbeerfüllung. Sie können statt dessen jede andere Konfitüre verwenden.

3 EL Trockenhefe (3–4 Packungen Trockenhefe à 7 g)
1 Tasse lauwarme Milch
$^1/_3$ Tasse Kristallzucker, zusätzlich 1 EL Kristallzucker
2 große Eier
$^1/_2$ Tasse Butter, geschmolzen
1 Prise Salz
ca. 4 Tassen Weizenmehl
1 Tasse Erdbeergelee mit ganzen Früchten (Seite 158)
Pflanzenöl zum Ausbacken
Puderzucker zum Bestäuben

Trockenhefe mit der Milch und dem Zucker verrühren, 5 Minuten gehen lassen.

Die Eier mit dem restlichen Zucker in einer großen Schüssel schlagen, bis sie dicker werden und eine zitronengelbe Farbe aufweisen. Die Butter und die Hefemischung dazugeben

und gut verrühren. Das Salz hinzufügen und die Mischung mit genügend Mehl ca. 5 bis 8 Minuten auf einer bemehlten Arbeitsfläche zu einem weichen und geschmeidigen Teig kneten.

Den Teig in einer leicht gefetteten Schüssel mehrmals wenden und so mit Butter überziehen. Die Schüssel abdecken und den Teig an einem warmen Ort 1 Stunde gehen lassen, bis er doppelt so groß ist.

Dann den Teig erneut durchkneten und auf einer bemehlten Arbeitsfläche 0,5 cm dick ausrollen. Ein Ausstechförmchen von 7,5 cm Durchmesser in Mehl tauchen und 32 Scheiben ausstechen. Die Teigreste erneut zusammenkneten, ausrollen und auch ausstechen.

In die Mitte von 16 Teigscheiben je 1 EL Konfitüre geben, mit den restlichen Teigrunden bedecken und die Kanten fest zusammendrücken. 30 Minuten gehen lassen.

Das Pflanzenöl in einer Friteuse auf 185 °C erhitzen und die Krapfen schubweise von beiden Seiten 1 bis 2 Minuten ausbacken, bis sie goldbraun sind. Die Krapfen auf Küchentüchern abtropfen lassen und mit feinstem Zukker oder Puderzucker bestreuen.

Ergibt 16 Krapfen

ERDBEERGELEE MIT GANZEN FRÜCHTEN

Bei diesem französischen Rezept zur Herstellung eines süßen Brotaufstrichs werden die Erdbeeren in kochenden Zuckersirup getaucht, um überschüssige Flüssigkeit zu reduzieren und die Kochzeit zu verkürzen. Dann läßt man den Sirup eindicken, um das Fruchtaroma zu verstärken, und gibt die Erdbeeren erneut in das klare Gelee - dort schweben sie wie Edelsteine in einer transparenten Flüssigkeit.

2,25 kg Erdbeeren, ohne Blättchen und Stiele
5 Tassen Zucker
$^1/_4$ Tasse frisch gepreßter Zitronensaft

Die Hälfte der Erdbeeren in einer großen, flachen Schüssel mit 1 Tasse Zucker bestreuen; die restlichen Erdbeeren dazugeben und ebenfalls mit 1 Tasse Zucker bestreuen. Die Schüssel abdecken und über Nacht bei Zimmertemperatur stehen lassen.

Die Erdbeermischung in einem Sieb abtropfen lassen und beiseite stellen. In einem großen Topf 3 Tassen Zucker mit dem aufgefangenen Fruchtsaft vermischen und unter ständigem Rühren auf kleiner Flamme erhitzen, bis sich der Zucker auflöst.

Den Sirup aufkochen und die Erdbeeren zusammen mit dem Zitronensaft dazugeben; die Mischung 5 Minuten kochen lassen und die Erdbeeren mit einem Schaumlöffel in ein Sieb geben.

Den Sirup weitere 5 Minuten leicht eindikken. Den aufgefangenen Saft der Erdbeeren hinzufügen und den Sirup um die Menge an Flüssigkeit eindicken lassen, die man an Saft dazugegeben hat.

Die Erdbeeren in den Sirup legen und ca. 5 Minuten kochen, bis der Gelierpunkt erreicht ist. Den Topf vom Herd nehmen und das Gelee 10 Minuten ruhen lassen.

Das Gelee in warme, sterilisierte Gläser füllen und die Gläser verschließen.

Ergibt 1,5 Liter

TROCKENOBSTMISCHUNG IN MARSALA

Verwenden Sie für dieses Rezept am besten selbstgetrocknetes Obst; falls sie gekauftes Trockenobst bevorzugen, achten Sie darauf, daß die Früchte nicht gesüßt und ungeschwefelt sind. Die im Rezept genannten Obstsorten können Sie natürlich durch andere Früchte Ihrer Wahl ersetzen.

ca. $1^1/_2$ Tassen Zucker
Schale von 1 Orange
Schale von 1 Zitrone
450 g getrocknete ganze Aprikosen
225 g getrocknete Apfelringe (Seite 65)
225 g getrocknete Kirschen (Seite 83) oder getrocknete Preiselbeeren (Seite 93)
225 g getrocknete Birnenhälften
225 g entsteinte Backpflaumen
2 Tassen Marsala

In einem großen Topf den Zucker mit 6 Tassen Wasser und den Zitrusfruchtschalen vermischen und auf kleiner Flamme erhitzen, bis sich der Zucker auflöst. Gelegentlich umrühren. Den Sirup zum Kochen bringen, die Trokkenfrüchte dazugeben und 20 Minuten simmern lassen. Das Obst im Sirup vollständig abkühlen lassen.

Die Früchte mit einem Schaumlöffel in vier warme $^3/_4$ Liter-Gläser füllen und jeweils $^1/_2$ Tasse Marsala hinzugeben.

Den Sirup erneut aufkochen und durch ein Sieb in die Gläser passieren. Die Gläser verschließen und im kochendheißen Wasserbad 20 Minuten einwecken. Die Klammern erst nach dem Erkalten der Gläser entfernen und die Verschlüsse kontrollieren.

Ergibt 3 Liter

PREISELBEER-SCHALOTTEN-JOHANNISBEER-RELISH

Dieses Relish schmeckt köstlich zu kaltem Fleisch, besonders zu gegrilltem Puter oder Schweinebraten.

1 Tasse Schalotten, in dünne Scheiben geschnitten
3 EL Pflanzenöl
$1\frac{1}{2}$ Tassen Zucker
3 EL geriebene Orangenschale
1 EL kleingehackter frischer Ingwer
1 Tasse getrocknete Johannisbeeren
$1\frac{1}{2}$ Tassen frisch gepreßter Orangensaft
$\frac{1}{2}$ Tasse Rotweinessig
4 Tassen Preiselbeeren

Die Schalotten in einem großen Edelstahltopf 5 Minuten auf kleiner Flamme in dem Pflanzenöl glasig werden lassen. Zucker, Orangenschale und -saft, Ingwer, Johannisbeeren und Essig hinzufügen und unter ständigem Rühren auf kleiner Flamme erhitzen, bis sich der Zucker auflöst.

Die Mischung zum Kochen bringen, die Preiselbeeren unterrühren und 30 Minuten kochen lassen, bis die Mischung dicker wird und alle Flüssigkeit aufgesogen ist. Gelegentlich umrühren.

Das Relish in warme 1 Liter-Gläser füllen, die Gläser verschließen und im kochendheißen Wasserbad 10 Minuten einwecken. Die Klammern erst nach dem Erkalten der Gläser entfernen und die Verschlüsse kontrollieren.

Ergibt 1,5 Liter

FRÜCHTE-MINCEMEAT

Die traditionelle englische Pastetenfüllung ›Mincemeat‹ wird aus Hackfleisch, Talg, getrockneten Früchten, Zucker, Gewürzen und einem kräftigen Schuß Brandy oder Sherry zubereitet. Der Alkohol und der Zukker verstärken nicht nur das Aroma, sondern bewirken auch eine verlängerte Haltbarkeit des Mincemeat. In England verwendet man diese Füllung für weihnachtliche Pasteten und herzhafte Törtchen. Das folgende Rezept enthält zwar kein Fleisch, aber Rindertalg, das eine saftige, gehaltvolle Füllung gewährleistet.

500 g Kochäpfel
500 g Birnen
225 g getrocknete Aprikosen
225 g getrocknete Kirschen (Seite 83)
225 g getrocknete Datteln
225 g getrocknete Feigen
225 g dunkle Rosinen
225 g Malaga- oder Muskatellerrosinen
500 g Rindertalg, gehackt oder gerieben
500 g brauner Zucker
geriebene Schale und Saft von
2 Zitronen
$\frac{1}{2}$ Tasse Aprikosenkonfitüre (Seite 68)
1 TL gemahlener Piment
1 TL gemahlener Zimt
$\frac{1}{2}$ TL frisch geriebene Muskatnuß
$\frac{1}{2}$ TL gemahlene Gewürznelken
$\frac{1}{2}$ TL gemahlener Ingwer
$\frac{3}{4}$ Tasse Brandy
$\frac{3}{4}$ Tasse Sherry

Die Äpfel und Birnen schälen, entkernen und grob hacken; zusammen mit den grob gehackten Aprikosen, Kirschen, Datteln und Feigen in eine große Schüssel geben.

Die restlichen Zutaten hinzufügen und die Mischung 1 Woche einweichen lassen; dabei jeden zweiten Tag umrühren und eventuell etwas Alkohol nachfüllen, damit die Mischung feucht bleibt.

Das Mincemeat in sterilisierte Gläser füllen, die Gläser verschließen und mindestens einen Monat ruhen lassen.

Ergibt 4 Liter

MINCE PIE-STERNE MIT ORANGENSAUCE

1 Tasse dicht gehäufter brauner Zucker
1/2 Tasse klarer, heller Honig
175 g Butter
4 Tassen Weizenmehl
1 EL Natron (Natriumbikarbonat)
1 EL gemahlener Ingwer
1 Prise Salz
2 große Eier, gut geschlagen
1 EL geriebene Orangenschale
3/4 Tasse frisch gepreßter Orangensaft
2 EL Brandy
ca. 3 Tassen Früchte-Mincemeat
(Seite 159)
Puderzucker zum Bestäuben

Den Honig, 1/2 Tasse braunen Zucker und 6 EL Butter in einem kleinen Topf unter ständigem Rühren auf kleiner Flamme erhitzen, bis die Butter schmilzt und der Zucker sich auflöst.

Mehl, Natron, Ingwer und Salz durch ein Sieb in eine große Schüssel sieben und eine Vertiefung in die Mitte drücken. Die Eier unter die abgekühlte Buttermischung rühren und in die Vertiefung gießen. Nun das Mehl vorsichtig vom Rand in die Mitte geben und solange verkneten, bis der Teig zu einer Kugel geformt werden kann. Den Teig in Wachspapier wickeln und 30 Minuten kühlen.

Nun den Teig 0,5 cm dick ausrollen und mit einer Schablone oder einem Sternausstecher von 8,5 cm Durchmesser Sterne ausstechen. Die Teigreste erneut zusammenkneten, ausrollen und auch ausstechen; das ergibt insgesamt 16 Sterne. Die Sterne auf einem gefetteten Backblech in einem auf 180 °C vorgeheizten Backofen etwa 8 Minuten backen, bis sie goldbraun sind, und auf einem Kuchengitter abkühlen lassen.

In einem kleinen Topf den restlichen braunen Zucker mit dem Orangensaft, der Orangenschale und 6 EL Butter vermischen und unter ständigem Rühren auf kleiner Flamme erhitzen, bis sich der Zucker auflöst. Den Topf vom Herd nehmen, den Brandy dazugeben und die Sauce warm stellen.

Nun die oberste, blättrige Schicht der Sterne mit einem scharfen Messer entlang der Innenkanten der Sternform herausschneiden, so daß ein Hohlraum entsteht, der mit jeweils 2 bis 3 EL Mincemeat gefüllt wird.

Zum Schluß je 2 EL Orangensauce auf 8 Dessertteller geben, darauf 2 Mince Pie-Sterne setzen und mit Puderzucker bestäuben.

Für 8 Personen

Eine weihnachtliche Teemahlzeit am Kamin mit Mince Pie-Sternen und Orangensauce, Kumquats in Weinbrand und Törtchen mit Konfitüre und Fruchtcreme.

GRIESSAVARIN MIT BESCHWIPSTEN BEEREN

5 große Eier, getrennt
½ Tasse Zucker
geriebene Schale und Saft von 1 Zitrone
¾ Tasse feiner Grieß
½ Tasse feingemahlene Mandeln
1 Tasse beschwipste Beeren in Himbeergeist (siehe rechts), abgetropft, zusätzlich 1 Tasse Himbeergeist
1 Tasse Sahne (38 %)
Pfefferminzzweige zum Garnieren

Das Eigelb mit ¼ Tasse Zucker in einer Schüssel schlagen, bis die Mischung dick ist, eine helle Farbe aufweist und bandförmig vom Löffel rinnt. Nun die Zitronenschale hinzufügen.

In einer großen Schüssel das Eiweiß steif schlagen, den restlichen Zucker dazugeben und erneut sehr steif und glänzend schlagen.

Den Grieß, die Mandeln und den Zitronensaft mischen, in drei Teile unterteilen und abwechselnd mit dem steifgeschlagenen Eiweiß unter die Eigelbmischung rühren.

Den Teig in acht gefettete Savarinförmchen von 7,5 cm Durchmesser (oder in eine gefettete Savarinform von 22 cm Durchmesser) geben und in einem auf 180 °C vorgeheizten Backofen 12–15 Minuten (bzw. 25–30 Minuten) backen, bis der Grießteig sich von der Form löst und sich elastisch anfühlt. Die Savarins auf einem Kuchengitter abkühlen lassen.

Den Himbeergeist leicht erwärmen, die Savarins auf ein Backblech mit hohem Rand legen und den erwärmten Himbeergeist darübergießen. Himbeergeist, der sich auf dem Backblech ansammelt, erneut über die Savarins gießen, bis alle Flüssigkeit aufgesogen ist.

In einer Schüssel die Sahne steif schlagen. Die Savarins auf Dessertteller legen und mit den Beeren, der Schlagsahne und den Pfefferminzzweigen garnieren.

Für 8 Personen

Grießsavarin mit Erdbeeren, schwarzen Johannisbeeren und Himbeeren in Himbeergeist.

BESCHWIPSTE BEEREN IN HIMBEERGEIST

Bei diesem Rezept handelt es sich um eine Variante des klassischen Rumtopfs, bei dem nach und nach im Laufe des Sommers die verschiedenen Obstsorten der Saison mit Zucker und Alkohol in einem Steinguttopf übereinander geschichtet werden und anschließend mindestens einen Monat ziehen müssen. Die hier verwendeten drei Beerensorten reifen zur gleichen Zeit und werden deswegen zusammen in Alkohol eingelegt.

8 schwarze Johannisbeerblätter
225 g Erdbeeren, ohne Blättchen und Stiele
1 Tasse Zucker
350 g schwarze Johannisbeeren, ohne Stiele
350 g Himbeeren
2½ Tassen Himbeergeist

Vier ½ Liter-Gläser mit jeweils 2 Johannisbeerblättern auslegen.

Die Erdbeeren in die Gläser füllen und mit jeweils 2 EL Zucker bestreuen.

Die Johannisbeeren in die Gläser füllen und mit jeweils 2 EL Zucker bestreuen.

Die Himbeeren in die Gläser füllen und mit Himbeergeist vollständig bedecken. Die Gläser verschließen und an einem kühlen, dunklen Ort mindestens einen Monat ruhen lassen.

Ergibt 2 Liter

ENGLISH PRODUCE
ENGLISH PRODUCE
ENGLISH PRODUCE
ENGLISH PRODUCE
fresh produce

GEMÜSE

MARINIERTE ARTISCHOCKEN IN OLIVENÖL

Kleine purpurfarbene Artischocken, die im Frühling wachsen, lassen sich besonders gut in Olivenöl einlegen. Nach ungefähr einem Monat kann man sie sautieren und zusammen mit Nudeln und Reis als Vorspeise reichen, oder sie für eine Quiche mit marinierten Artischocken, Schinken und Spinat verwenden (Seite 170).

2,5 kg kleine Artischocken
¼ Tasse frisch gepreßter Zitronensaft
6 Tassen Weißweinessig
3 Tassen trockener Weißwein
1 EL Salz
1 TL Korianderkörner
1 Lorbeerblatt
2–4 Zweige frischer Rosmarin
4 Tassen reines Olivenöl extra

Die Stiele der Artischocken und alle vertrockneten Blätter entfernen, wobei die Spitze jedes Blattes mit der Schere beschnitten werden sollte. Die Artischocken senkrecht halbieren und die Hälften in eine große Schüssel mit Wasser legen, das mit Zitronensaft gesäuert wurde.

In einem Edelstahltopf den Essig mit Wein, Salz und Korianderkörnern vermischen, das Lorbeerblatt hinzugeben und die Flüssigkeit auf kleiner Flamme zum Kochen bringen.

Die Artischocken abtropfen lassen und in die kochende Mischung geben. Danach das Ganze kurz aufkochen und die Artischocken etwa 10 Minuten simmern lassen, bis sie zart sind. Nun die Artischocken herausnehmen und auf Küchentüchern abtropfen lassen.

Die Artischocken auf zwei sterilisierte 1,5 Liter-Gläser verteilen und in jedes Glas einen oder zwei Rosmarinzweige geben. Dann das Gemüse vollständig mit dem Öl bedecken, die Gläser verschließen und an einem kühlen, dunklen Ort mindestens einen Monat ruhen lassen.

Ergibt 3 Liter

Oben: Ein Lorbeerbaum mit Spalierwuchs im Royal Horticultural Garden in Wisley. Folgende Doppelseite: Reife Artischocken in Stowell Park, Gloucestershire.

TORTE MIT MARINIERTEN ARTISCHOCKEN, SPINAT UND SCHINKEN

Diese Torte enthält marinierte Artischocken, frischen Spinat, Tomaten und Käse. Je nach Geschmack können Sie anstatt frischer auch sonnengetrocknete Tomaten verwenden.

2 Tassen Weizenmehl
1 TL Salz
125 g Butter, in kleine Stücke geschnitten, geriebene Schale von 1 Zitrone
2 große Eigelb, zusätzlich 1 großes Ei
12 marinierte Artischocken (Seite 167), abtropfen lassen und
3 EL Öl auffangen
225 g frische Spinatblätter
frisch gemahlener Pfeffer
2 Tomaten, geschält, entkernt und grob gehackt
1 TL getrockneter Salbei, zerstoßen
115 g Schinken, in kleine Würfel geschnitten
225 g Fontina-Käse, in kleine Würfel geschnitten

Weizenmehl und Salz durch ein Sieb in eine große Schüssel geben. Dann die Butterflöckchen und die geriebene Zitronenschale hinzufügen und die Mischung solange durchkneten, bis die Teigkrümel so groß wie Haferflocken sind. In einer kleinen Schüssel zwei Eigelb mit $1/4$ Tasse eiskaltem Wasser verrühren und zu der Mehlmischung geben. Den Teig zu einer Kugel formen, in Frischhaltefolie wickeln und 30 Minuten kühlen.

Während der Teig abkühlt, 2 Eßlöffel Olivenöl in einer Schwenkpfanne erhitzen. Darin auf den Spinat sautieren und eine Minute lang umrühren, bis er weich ist. Anschließend den Spinat mit Salz und Pfeffer abschmecken und auf einen Teller legen.

Nun den restlichen Eßlöffel Olivenöl in die Schwenkpfanne geben. Darin die Tomaten sautieren und so lange umrühren, bis alle Flüssigkeit verdunstet ist. Dann das Ganze mit Salbei, Salz und Pfeffer abschmecken.

Den Teig halbieren und eine Hälfte auf einer bemehlten Arbeitsfläche so weit ausrollen, daß sie in eine Springform von 22 cm Durchmesser paßt, wobei etwa 6 mm überstehen sollten. Den Teig überall einstechen.

Danach den Spinat auf dem Teig verteilen und die Artischocken darauf legen. Über die Artischocken kommen nun in weiteren Schichten Tomaten, Schinken, Fontina-Käse und der übrige Spinat. Die zweite Teighälfte ausrollen, über die Füllung legen und die Ränder zusammenpressen.

Den Teigdeckel an mehreren Stellen mit einer Gabel einstechen. Danach das Ei verrühren und auf den Teigdeckel streichen. Die Torte in einem auf 220 °C vorgeheizten Backofen etwa 12 Minuten lang backen lassen, dann die Temperatur auf 170 °C reduzieren und weitere 30 Minuten backen, bis der Teig goldbraun ist. Danach die Torte etwa 15 bis 20 Minuten abkühlen lassen, schneiden und heiß – oder zimmerwarm – servieren.

Für 6 Personen

EINGELEGTE ROTE BETE

Kochen Sie die Rote Bete, bis sie weich sind, danach schälen Sie sie und schneiden sie in dicke Scheiben. Diese Scheiben lassen sich genauso einlegen wie kleine Rote Bete.

1,5 kg kleine Rote Bete, geputzt
3 Tassen Apfelessig
2 TL Salz
2 EL Honig
ca. 6 Pimentkörner

In einer großen Kasserolle mit kochendem Salzwasser die Roten Bete 15 Minuten kochen, bis sie zart sind. Dann herausnehmen, abtropfen und abkühlen lassen.

Apfelessig, Salz und Honig in einem Edelstahltopf kochen, abkühlen lassen.

Wenn die Bete abgekühlt sind, schälen und auf sterilisierte Gläser verteilen. 2 Pimentkörner in jedes Glas stecken, die Gläser mit der Essigmischung füllen und verschließen. An einem kühlen, dunklen Ort mindestens eine Woche ruhen lassen.

Ergibt 1,5 Liter

KAROTTENKONFITÜRE

Diese Konfitüre schmeckt köstlich auf getoastetem Brioche oder Brötchen aus Fertigteig und kann auch zum Aromatisieren von Naturjoghurt verwendet werden.

1 Zitrone, geschält, entkernt und grob gehackt
1 Orange, geschält, entkernt und grob gehackt
1 kg Karotten, zerschnitzelt
2 Tassen Zucker
$^1/_2$ Tasse Apfelpektin-Fond (Seite 63)
1 TL gemahlener Kardamom

Zitrone und Orange im Mixer fein pürieren. Die zerschnitzelten Karotten 5 Minuten lang dünsten, danach kühlstellen.

In einem großen Topf den Zucker mit der Zitrone, der Orange und dem Apfelpektin-Fond verrühren. Die Mischung auf kleiner Flamme erhitzen, bis sich der Zucker auflöst, dann zum Kochen bringen. Die Karotten in den heißen Sirup geben und unter Rühren etwa 30 Minuten kochen, bis der Gelierpunkt erreicht ist. Dann den Kardamom einrühren.

Die Konfitüre in warme, sterilisierte Gläser füllen und die Gläser verschließen.

Ergibt 1 Liter

EINGELEGTER ROTKOHL

Auch Rotkohl läßt sich als Sauergemüse einlegen. Allerdings ist die Haltbarkeit auf 3 bis 4 Wochen beschränkt, denn bei längerer Lagerung schmeckt der Kohl welk.

- 4 große Köpfe Rotkohl
- $^{1}/_{2}$ Tassse grobes Meersalz
- $^{1}/_{4}$ Tasse dicht gehäufter brauner Zucker
- 1 mittelgroße rote Zwiebel, in dünne Ringe geschnitten
- ca. 12 Wacholderbeeren
- 4 Lorbeerblätter
- ca. 4 Tassen Rotweinessig

Den Rotkohl in Viertel schneiden, die Strünke heraustrennen und die Viertel fein zerschnitzeln. Den Kohl auf einem Edelstahl- oder Kunststofftablett ausbreiten und mit grobem Meersalz und braunem Zucker bestreuen, durchrühren und 2 Stunden ziehen lassen.

Den Rotkohl auspressen, so daß die überschüssige Flüssigkeit entfernt wird. Danach Rotkohl und Zwiebelringe schichtweise in vier sterilisierte 0,5-l-Gläser füllen und in jedes Glas ein paar Wacholderbeeren geben. Ein Lorbeerblatt je Glas zwischen die Wand des Glases und den Rotkohl stecken.

In jedes Glas etwa 1 Tasse Essig geben, das Glas verschließen und an einem kühlen, dunklen Ort mindestens 4 Tage ruhen lassen.

Ergibt 2 Liter

Der Gemüsegarten des Hunstrete House Hotel in Avon.

SAUERKRAUT

Sauerkraut ist im Grunde gegorener Kohl. Die Verwandlung vollzieht sich, wenn man dem geschnitzelten Kohl Salz beimischt und ihn zwei bis drei Wochen lang gären läßt. Während dieser Zeit wird der im Gemüse enthaltene Zucker von den Mikroorganismen im Kohl zu Säure umgewandelt. Durch den Gärungsprozeß entsteht Schaum, und wenn sich der Schaum abgesetzt hat, ist aus Kohl Sauerkraut geworden.

5 Köpfe fester Weißkohl (etwa 7,5 kg)
175 g grobes Meersalz
$^{1}/_{4}$ Tasse Kümmelkörner
2 EL Wacholderbeeren

Die harten Deckblätter des Weißkohls entfernen, dann mit einigen zarten Blättern den Boden eines 8–10 Liter-Steinguttopfs auslegen.

Die Kohlköpfe halbieren, die Strünke herausschneiden und die Hälften fein zerschnitzeln. Den Kohl abwiegen und für je 2,5 kg Weißkohl etwa 60 g Salz berechnen. Dann Kohl und Salz in einer großen Schüssel (oder mehreren kleinen) gründlich vermischen und 15 Minuten ziehen lassen, bis der Kohl weich ist.

Nun den Kohl in den Steinguttopf schichten, und zwischen jede Schicht Kümmelkörner und Wacholderbeeren streuen. Den Kohl ruhig fest pressen. Das in der Schüssel angesammelte Salzwasser dazugeben.

Den Kohl mit einem doppelt gelegten Mulltuch abdecken, dann einen großen Teller darauflegen, der genau in den Steinguttopf passen sollte. Zum Beschweren des Sauerkrauts ein mit Wasser gefülltes, verschlossenes 2-l-Gefäß auf diesen Teller stellen.

Den Steinguttopf bei Zimmertemperatur (20–22 °C) etwa eine Woche stehen lassen, bis sich Schaum an den Rändern bildet. Nun Wassergefäß, Servierplatte und Mulltuch entfernen und den Schaum abschöpfen.

Der ganze Prozeß wird (mit einem neuen Mulltuch) wiederholt, und der Kohl sollte einen oder zwei Tage ziehen. Im Abstand von etwa zwei Tagen die Prozedur 14 Tage lang wiederholen, bis sich kein neuer Schaum mehr bildet. Das Sauerkraut ist nun eßbar. Sie können es gekühlt etwa einen Monat lang lagern. Wenn Sie die Haltbarkeit des Sauerkrauts verlängern wollen, sollten Sie es portionsweise in Tiefkühlbehältern einfrieren oder es auf kleiner Flamme kurz zum Kochen bringen und es in warme Gläser füllen. Die Gläser im kochendheißen Wasserbad einwecken (Gläser bis zu $^{1}/_{2}$ Liter Füllmenge 15 Minuten, Gläser bis zu 1 Liter etwa 20 Minuten).

Ergibt 6–8 Liter

PIKANTER BLUMENKOHL

Pikanter Blumenkohl eignet sich für eine Vorspeisenplatte, kann aber auch mit etwas Petersilie und einigen roten Zwiebelscheiben garniert gereicht werden.

1,5 kg Blumenkohl, in einzelne Röschen zerteilt
3 Tassen Weißweinessig
$^{1}/_{2}$ Tasse grobes Meersalz
4 getrocknete Chilischoten (Seite 225)
1 EL Pimentkörner

Den Blumenkohl in einem großen Topf mit kochendem Salzwasser 5 Minuten blanchieren, dann abtropfen und abkühlen lassen.

In einem großen Edelstahltopf den Essig mit dem Salz und einer Tasse Wasser vermischen, dann die Mischung erhitzen und ca. 5 Minuten kochen lassen.

Nun die Blumenkohlröschen in vier warme, sterilisierte 0,5-l-Gläser füllen, und in jedes Glas eine Chilischote und etwas Piment geben.

Den Blumenkohl mit der Essigmischung vollständig bedecken, die Gläser verschließen und an einem kühlen, dunklen Ort mindestens 2 Wochen lang ruhen lassen.

Ergibt 2 Liter

HÜHNERRAGOUT MIT GETROCKNETEM MAIS UND KORIANDER

Dieses Ragout kann man einige Tage im voraus zubereiten und bei mäßiger Hitze vorsichtig wieder aufwärmen. Anstelle von Mais lassen sich auch andere Gemüse wie Zucchini, grüne Bohnen oder Kartoffeln verwenden.

1 Tasse Jane Chambers Trockenmais (Seite 176)
2 ganze Hühnerbrüste, halbiert und ohne Haut
1 EL gemahlener Kreuzkümmel
3 Tassen Hühnerfond
500 g Karotten, der Länge nach geviertelt und in 5 cm lange Stücke geschnitten
250 g Zuckererbsen
1 Tasse Sahne (38 %)
Salz und frisch gemahlener Pfeffer
1/4 Tasse frische Korianderblätter

Den Trockenmais in einer kleinen Schüssel mit 2 Tassen kochendheißem Wasser vermischen und 1 Stunde lang einweichen.

Die Hühnerbrüste in eine flache Kasserolle geben und etwa 20 Minuten in einer Mischung aus Hühnerfond und Kreuzkümmel pochieren. Dann die Hühnerteile mit einer Zange herausnehmen und auf einen Teller legen. Die Brühe bei mäßiger Hitze kochen, bis sie auf etwa 2 Tassen eingedickt ist.

In der Zwischenzeit die Karottenstücke etwa 10 bis 12 Minuten in einem Topf mit kochendem Salzwasser aufkochen, bis sie zart sind. Dann mit einem Schaumlöffel die Karotten herausnehmen und in eine Schüssel legen. Nun die Zuckererbsen 2 bis 3 Minuten im kochenden Wasser blanchieren, danach abtropfen lassen, unter kaltem Wasser abschrecken und in die Schüssel mit den Karotten geben.

Wenn die Hühnerteile abgekühlt sind, das Fleisch in großen Stücken von den Knochen trennen und jede Brust diagonal in etwa 4 bis 5 Stücke zerschneiden.

Nun den Mais abtropfen, zusammen mit der Sahne in die Hühnerbrühe geben und mit Pfeffer und Salz abschmecken. Dann die Brühe zum Kochen bringen und etwa 20 bis 30 Minuten köcheln lassen, bis der Mais zart ist und die Sauce um 1/2 Tasse eingedickt ist.

Hühnerteile, Karotten und Zuckererbsen in die Sauce geben und das Ragout etwa 10 Minuten köcheln lassen. Dann das Ragout in Suppentellern mit Korianderblättern anrichten.

Für 4–6 Personen

EIERCREME MIT GETROCKNETEM MAIS

Diese Eiercreme reicht man als Beilage zu Fleisch oder Geflügel oder, als Hauptgericht, zusammen mit einem grünen Salat.

1 Tasse Jane Chambers Trockenmais (Seite 176)
2 Tassen gekochte Milch
4 große Eier, gut geschlagen
1/2 Tasse geriebener Cheddarkäse
1/4 TL frisch geriebene Muskatnuß
1 TL Salz

Mais und gekochte Milch in eine Schüssel geben und den Mais 1 Stunde lang ziehen lassen.

In einer Schüssel Eier, Käse, Muskat und Salz miteinander verrühren. Die Mischung nun zum Mais hinzugeben und zu einem gleichmäßigen Teig schlagen.

Den Teig in eine flache gefettete Backform geben (1 Liter Füllmenge) und in einem auf 190 °C vorgeheizten Backofen 20 bis 25 Minuten backen lassen, bis er aufgegangen und goldbraun ist. Die fertige Eiercreme kann heiß oder zimmerwarm serviert werden.

Für 4 Personen

Oben: Maisfelder in Dunsborough Park, Surrey. Im Hintergrund ein Gewächshaus. Rechts: Hühnerragout mit getrocknetem Mais und Koriander.

JANE CHAMBERS TROCKENMAIS

Mein Freund Bob Chambers wendet diese Methode an, um Mais in großen Mengen haltbar zu machen, und er gibt das Rezept gerne an Freunde und Bekannte weiter. Diese Trockenmethode stammt von seiner Mutter Jane aus North Dakota, die ihren Mais dort auf Drahtgittern zwischen den Dachbalken der Scheune trocknete. Aber Achtung: Sie benötigen zentnerweise Maiskolben, um 16 Tassen Maiskörner zu erhalten.

16 Tassen frische Maiskörner (vom Kolben geschnitten)
1½ EL Salz
1 EL Zucker
½ Tasse Sahne (38 %)

In einer großen Stielkasserolle alle Zutaten miteinander vermischen und unter ständigem Rühren etwa 20 Minuten auf kleiner Flamme kochen lassen, bis die Sahne völlig absorbiert ist.

Nun die Mischung gleichmäßig auf 2 große Backbleche verteilen und in einem auf 90 °C vorgeheizten Backofen 1 Stunde backen; dabei muß der Mais alle 10 Minuten gut durchgerührt werden, damit die Körner nicht verklumpen. Dann den Backofen abstellen und Ofen und Backbleche völlig (eventuell über Nacht) abkühlen lassen.

Dieser Prozeß muß so oft wiederholt werden, bis der Mais völlig ausgetrocknet ist (mindestens noch zwei- bis dreimal). Dabei schrumpfen die Kerne auf die Hälfte ihrer ursprünglichen Größe und erhalten einen goldenen Farbton. Der gekühlte Mais ist in Einmachgläsern etwa 1 Jahr haltbar.

Ergibt 2 Liter

EINGELEGTE CORNICHONS

Cornichons sind eine spezielle Art von Gewürzgurken. Man pflückt sie und legt sie ein, sobald sie eine Länge von 3,5 bis 5 cm erreicht haben. Eingelegte Cornichons sind eine unentbehrliche Beilage zu Pasteten, Sülzfleisch und Dauerwürsten.

1,5 kg frische Cornichons
1 Tasse grobes Meersalz
6 Tassen Weißweinessig
115 g Perlzwiebweln, blanchiert und geschält
6 Lorbeerblätter
6 Zweige frischer Estragon, blanchiert und trockengetupft
6 getrocknete Chilischoten (Seite 225)
1 EL Pimentkörner
1 EL schwarze Pfefferkörner
1 EL weiße Pfefferkörner

Die Cornichons abwaschen und abbürsten, um die feinen Härchen zu entfernen. Dann trockentupfen, zusammen mit dem Salz in eine Schüssel geben und die Schüssel abgedeckt eine Nacht lang stehen lassen. (Das Salz entzieht den Cornichons die Feuchtigkeit.)

Nun die Cornichons abtropfen und in eine große Schüssel eintauchen, in die zuvor 2 Tassen Essig und 2 Tassen Wasser gegossen wurden. Nach dem Herausnehmen sofort abtropfen lassen und trockentupfen.

In sechs sterilisierte ½ Liter-Gläser legen Sie je ein paar Perlzwiebeln, 1 Lorbeerblatt, 1 Zweig Estragon, 1 getrocknete Chilischote, einige Pimentkörner und etwas Pfeffer; dann die Cornichons in die einzelnen Gläser füllen.

Nun die Cornichons mit den übrigen 4 Tassen Essig bedecken, die Gläser verschließen und an einem kühlen, dunklen Ort mindestens 6 Wochen ruhen lassen.

Ergibt 3 Liter

Eine Bauernvesper in einem traditionellen englischen Pub: Bauernschinken, Cheddarkäse sowie eingelegte Zwiebeln, Cornichons und Rote Bete.

EINGELEGTE ROSA ZWIEBELN

Sie benötigen dazu vor allem junge, feste weiße – oder rote – Perlzwiebeln.

2 kg Perlzwiebeln
¾ Tasse grobes Meersalz
2 l Rotweinessig
½ Tasse frische Pfefferminzblätter, blanchiert und trockengetupft

Die Perlzwiebeln in einer großen Kasserolle etwa 1 Minute in kochendem Wasser blanchieren; danach abkühlen lassen und schälen.

Perlzwiebeln und Salz in einer großen Schüssel verrühren und 3 Stunden stehen lassen. Danach die Zwiebeln kurz in ein Wasserbad tauchen, um das Salz abzuspülen; dann abtropfen lassen und sorgfältig trockentupfen.

Den Essig in einem Edelstahltopf so lange kochen, bis er um die Hälfte eingedickt ist; danach abkühlen lassen.

Nun die Zwiebeln und die Pfefferminzblätter in sterilisierte Gläser füllen und die Zwiebeln mit Essig vollständig bedecken. Danach die Gläser verschließen und an einem kühlen, dunklen Ort mindestens 6 Wochen ruhen lassen.

Ergibt 2 Liter

PULVER AUS WILDEN PILZEN

Getrocknete wilde Pilze (siehe »Getrocknete Waldpilze« auf Seite 181) können sehr einfach zu einem Pulver verarbeitet werden, mit dem sich pikante Saucen, Suppen oder Ragouts verfeinern lassen.

Nehmen Sie eine Handvoll getrockneter Pilze und zermahlen Sie die Früchte in einem Mörser oder im Mixer. Das Pilzpulver läßt sich sowohl aus einer einzigen Pilzart als auch aus verschiedenen Sorten herstellen.

Wenn man es in luftdichten Behältern an einem dunklen Ort aufbewahrt, ist das Pulver etwa 1 Jahr lang haltbar.

Wilde Pilze in Öl werden mit Schinken, sonnengetrockneten Tomaten und etwas Petersilie kombiniert und zusammen mit gegrillten Polentascheiben serviert.

GEGRILLTE POLENTA MIT PILZEN UND SCHINKENRAGOUT

2 TL Salz
2 Tassen grobes gelbes Maismehl
60 g Butter
2 Tassen abgetropfte wilde Pilze in Öl, abgetropft (siehe rechts), zusätzlich $\frac{1}{4}$ Tasse Öl
225 g gekochter Schinken, in lange Streifen geschnitten
frisch gemahlener Pfeffer
$\frac{1}{4}$ Tasse Blattpetersilie, kleingehackt
ca. $\frac{1}{4}$ Tasse Olivenöl zum Bestreichen der Polenta
1 Tasse sonnengetrocknete Tomaten (Seite 194), zur Garnierung in Streifen geschnitten

In einem Topf 6 Tassen Wasser und das Salz zum Kochen bringen; dann das Maismehl langsam einrühren. Die Mischung 35 Minuten köcheln lassen, bis das Mehl alle Feuchtigkeit absorbiert hat, 2 EL Butter hinzugeben. Mit den übrigen 2 EL Butter ein Backblech einfetten und darauf die Polenta verteilen, so daß eine gleichmäßige Schicht von weniger als 1 cm Dicke entsteht. 45 Minuten abkühlen lassen.

Während die Polenta fest wird, $\frac{1}{4}$ Tasse Pilz-Öl in einer Kasserolle auf kleiner Flamme erhitzen. Pilze und Schinken hinzugeben und das Ganze so lange erwärmen, bis es vollständig erhitzt ist. Nun mit Pfeffer abschmecken und die Petersilie hinzufügen.

Die Polenta mit einer Ausstechform in acht Stücke von 5 cm Durchmesser aufteilen und je eine Seite der Stücke mit dem Olivenöl bestreichen. Mit der öligen Seite nach unten auf einem Holzkohlegrill etwa 3 bis 4 Minuten grillen. Nun die anderen Seiten einstreichen, die Polentasscheiben umdrehen und für weitere 2 Minuten auf den Grill legen.

Je zwei Stücke Polenta auf einen Teller legen, großzügig das Schinken-Pilz-Ragout darübergeben und mit den getrockneten Tomatenscheiben garnieren.

Für 4 Personen

WILDE PILZE IN ÖL

In Olivenöl eingelegte Pilze sind ein besonders schmackhafter erster Gang, vor allem, wenn man sie mit frischen Kräutern bestreut und mit ein wenig Tomatenpüree krönt.

1,5 kg frische Wildpilze, etwa Steinpilze, Schirmlinge oder Pfifferlinge
4 Tassen Weißweinessig
2 Tassen trockener Weißwein
¼ Tasse grobes Meersalz
3 EL Korianderkörner
4 Lorbeerblätter
1 Zweig frischer Rosmarin
ca. 2 Tassen reines Olivenöl

Die Stiele der Pilze entfernen und die Hüte mit einem feuchten Tuch abreiben.

In einer großen Stielkasserolle den Essig und den Weißwein mit Salz, Korianderkörnern, einem Lorbeerblatt und dem Rosmarin vermischen. Das Ganze auf kleiner Flamme zum Kochen bringen und etwa 10 Minuten köcheln lassen.

Nun eine Hälfte der Pilze in die Mischung geben und etwa 10 Minuten simmern lassen. Danach die Pilze mit einem Schaumlöffel herausnehmen und in ein Sieb legen. Anschließend das Ganze mit der zweiten Hälfte der Pilze wiederholen.

Die Pilze mit Küchentüchern trockentupfen und sie auf drei sterilisierte ½ Liter-Gläser verteilen. Ein Lorbeerblatt in jedes Glas stekken und die Pilze vollständig mit Öl bedecken. Die Gläser verschließen und an einem kühlen, dunklen Ort mindestens 1 Woche ruhen lassen. Bei einmal geöffneten Gläsern darauf achten, daß die Pilze stets mit Öl bedeckt sind, da sie sonst verderben könnten.

Ergibt 1,5 Liter

GETROCKNETE WALDPILZE

Viele Arten wilder Pilze kann man dadurch konservieren, daß man sie trocknet. Diese einfache Methode betont den Eigengeschmack der Pilze. Getrocknete Pilze lassen sich in etwas Wasser oder Wein einweichen; man verwendet sie so zum Würzen von Eier-, Reis- und Nudelgerichten oder für Fleisch- und Geflügelfüllungen. Dagegen kann man sie in viele Suppen, Ragouts und Saucen direkt hineingeben, ohne sie vorher einzuweichen.

Die Wiesenpilze (*Agaricus campestris*) gehören zu den am häufigsten vorkommenden Pilzsorten. Ebenfalls sehr geschätzt werden Pilzarten wie Steinpilze (*Boletus edulis*), Feldschwindling (*Marasmius oreades*), Pfifferling (*Cantharellus cibarius*), Herbsttrompete (*Craterellus cornucopioides*) und Morchel (*Morchella esculenta*).

Aber Achtung: Nicht alle wilden Pilze sind eßbar, und viele der eßbaren Sorten besitzen giftige Doppelgänger. Deshalb sollte man als Vorsichtsmaßnahme wilde Pilze vor dem Verzehr von einem Experten bestimmen lassen.

Beim Trocknen von Pilzen schneidet man zunächst die Stengel ab und säubert dann die Hüte. Dies geschieht entweder mit einem feuchten Tuch oder, wie bei Morcheln, indem man den Pilz zwei- oder dreimal kurz in ein Wasserbad eintaucht.

Kleine Pilzarten wie z. B. Feldschwindlinge oder Pfifferlinge können in einem Stück getrocknet werden; größere Sorten wie z. B. Steinpilze sollten vorher in 0,5 cm dicke Scheiben geschnitten werden.

Die Pilze auf ein Kuchengitter legen und in einem auf 45 °C vorgeheizten Backofen 8 bis 10 Stunden trocknen. (Die Ofentür bleibt einen Spalt geöffnet, damit die Luft gut zirkulieren kann). Wenn die Pilze völlig abgekühlt sind, werden sie in einem luftdichten Behälter gelagert. Bei einer anderen Trockenmethode zieht man die Pilze auf eine Schnur auf (so daß sie einander nicht berühren) und hängt sie für einige Tage in einen warmen Raum mit geringer Luftfeuchtigkeit.

AUBERGINEN IN OLIVENÖL

Auberginenscheiben in einer Pestosauce ergeben einen schmackhaften ersten Gang; man kann sie aber auch als Zutat für ein Gemüsegratin oder als Pizzabelag verwenden, wie bei der Maismehlpizza mit eingelegten Auberginen und Tomatensauce (Seite 203).

- 2,5 kg mittelgroße Auberginen
- $\frac{1}{3}$ Tasse grobes Meersalz
- 6 Tassen Weißweinessig
- ca. 4 Tassen reines Olivenöl
- 4 TL Korianderkörner
- 8 getrocknete Chilischoten (Seite 225)

Die Auberginen in Scheiben von 1 cm Dicke schneiden und die Scheiben mit dem Salz in einer großen Schüssel wälzen. Eine große Arbeitsfläche mit Küchentüchern abdecken und darauf eine Schicht Auberginenscheiben auslegen, auf die wiederum Küchentücher gelegt werden. Das Ganze mit einem großen Schneidebrett oder schweren Backblechen beschweren, und die Auberginen mindestens 1 Stunde ausdünsten lassen.

In einem großen Edelstahltopf den Essig zum Kochen bringen und die Auberginenscheiben hinzugeben. Nun den Essig wieder aufkochen und die Auberginen 5 Minuten simmern lassen; danach die Scheiben herausnehmen, abtropfen lassen und trockentupfen.

In vier sterilisierte $\frac{1}{2}$ Liter-Gläser je etwa 1 cm hoch Öl gießen; danach die Auberginen in die Gläser füllen. Nun pro Glas je 1 TL Korianderkörner und 2 gewürfelte Chilischoten hinzugeben. Mit dem übrigen Öl die Gläser auffüllen.

Die Gläser verschließen und an einem kühlen, dunklen Ort 1 Woche ruhen lassen. Bei einmal geöffneten Gläsern darauf achten, daß die Auberginenscheiben stets mit Öl bedeckt sind, da sie sonst verderben könnten.

Ergibt 2 Liter

Eingelegte Auberginenscheiben und Paprikaschoten, die mit Pestosauce und Chili-Essig verfeinert wurden.

GRÜNE OLIVEN IN SALZLAKE

Frisch geerntete, noch unreife grüne Oliven haben einen sehr bitteren Geschmack, der noch vor dem Einlegen in Salzlake entfernt werden sollte. Von vielen Händlern werden die Oliven daher in einer Laugenlösung aus Wasser und Holzaschenpaste eingeweicht. Aber wenn grüne Oliven bereits ein wenig reifer sind (also auch dunkler in der Farbe), kann man sie aufbrechen und, wie im folgenden Rezept, einfach in klarem Wasser einweichen. Wählen Sie daher möglichst dunkelgrüne Oliven.

- 1 kg dunkelgrüne Oliven
- 1 Tasse grobes Meersalz
- 1 Streifen Orangenschale
- 1 Knoblauchknolle, geschält
- 5 Lorbeerblätter
- 1 EL Korianderkörner

Die Oliven mit einem Holzhammer aufbrechen und danach in eine Schüssel oder Schale mit kaltem Wasser legen. 10 Tage einweichen lassen, wobei das Wasser jeden Tag gewechselt werden muß.

In einer großen Kasserolle das Salz auf kleiner Flamme in 2 Liter Wasser auflösen. Die Orangenschale, den Knoblauch und 1 Lorbeerblatt hinzugeben und die Mischung 15 Minuten köcheln; danach abkühlen lassen.

Die Oliven abtropfen, auf vier sterilisierte $\frac{1}{2}$ Liter-Gläser verteilen und in jedes Glas ein Lorbeerblatt und einige Korianderkörner geben. Dann die Salzlake durchsieben und jedes Glas mit Lake auffüllen. Die Gläser verschließen und an einem kühlen, dunklen Ort mindestens 1 Monat ruhen lassen.

Ergibt 2 Liter

GEGRILLTE PAPRIKASCHOTEN IN ESSIG

Mit diesen Paprikaschoten können Sie einen würzigen ersten Gang servieren. Besprenkeln Sie sie mit etwas Olivenöl und geben Sie Kapern, Anchovis und Petersilie hinzu.

1–1,5 kg gelbe Paprikaschoten
1–1,5 kg rote Paprikaschoten
5 Tassen Weißweinessig
1 EL Salz
1 EL Korianderkörner
1 oder 2 Lorbeerblätter

Die Paprikaschoten in einem vorgeheizten Backofengrill etwa 15 bis 20 Minuten grillen; dabei regelmäßig wenden und erst herausnehmen, wenn die Haut Blasen wirft und beinahe schwarz ist. Paprikaschoten in Plastikbeutel füllen, die Beutel luftdicht verschließen und die Schoten abkühlen lassen.

Ein Sieb über eine große Schüssel legen; jede Paprikaschote über das Sieb halten und die Haut abziehen. Dann (immer noch über dem Sieb) die Schoten aufschneiden und alle Samenkörner auskratzen; dabei kann der Gemüsesaft in die Schüssel fließen. Die Strünke herausschneiden und die Schoten entlang der Rippen in längliche Streifen schneiden. Die Streifen in die Schüssel legen.

Paprika, Gemüsesaft, Essig und Salz in einen großen Edelstahltopf geben, die Flüssigkeit zum Kochen bringen und die Paprikastreifen 10 Minuten simmern lassen.

Die Paprikastreifen auf warme Gläser von bis zu 1 Liter Füllmenge verteilen; pro Glas einige Korianderkörner und ein Lorbeerblatt hinzufügen.

Die Essigmischung auf großer Flamme ca. 10 Minuten kochen, bis sie um die Hälfte eingedickt ist. Dann den Essig über die Paprika gießen, die Gläser verschließen und im kochendheißen Wasserbad einwecken (Gläser bis zu ½ Liter Füllmenge 10 Minuten und Gläser bis zu 1 Liter 15 Minuten). Die Klammern erst nach dem Erkalten der Gläser entfernen und die Verschlüsse kontrollieren.

Ergibt 1,5 Liter

SCHALOTTENKONFITÜRE

Diese Konfitüre ergibt eine exzellente Sauce zu gegrilltem Fleisch oder Geflügel.

1,5 kg große rote Schalotten, in dünne Scheiben geschnitten
⅓ Tasse reines Olivenöl
1 EL Salz
¾ Tasse Zucker
¾ Tasse trockener Rotwein
¾ Tasse Rotweinessig
½ TL gemahlener Piment

Die Schalotten und das Öl in einem großen Edelstahltopf auf kleiner Flamme 15 Minuten kochen, bis die Schalotten zart sind. Dann Salz und den Zucker hinzugeben und die Mischung unter ständigem Rühren weitere 15 Minuten kochen.

Nun Wein und Essig hinzuschütten und kurz aufkochen. Die Konfitüre unter ständigem Rühren 30 Minuten simmern lassen, bis sie eingedickt ist. Danach Piment einrühren und abschmecken.

Die Konfitüre in vier warme ¼ Liter-Gläser füllen, die Gläser verschließen und im kochendheißen Wasserbad 10 Minuten einwecken. Die Klammern erst nach dem Erkalten der Gläser entfernen und die Verschlüsse kontrollieren.

Ergibt 1 Liter

Ein südländisches Picknick, einfach und schnell zusammengestellt aus grünen Oliven in Salzlake, gegrillten Paprikaschoten in Essig und wilden Pilzen in Öl.

7

KNOBLAUCHPÜREE

Knoblauchpüree schmeckt am besten, wenn man es aus Frühlingsknoblauch mit grünen Stengeln herstellt, dessen Knollen noch süß und saftig sind. Sie können das Püree auf Croutons streichen, es als Salatdressing verwenden oder in jedem anderen Gericht, das sich mit Knoblauch verfeinern läßt.

20 Knollen junger, zarter Knoblauch, geschält
½ Tasse reines Olivenöl

Zwei Gruppen von je 10 Knoblauchknollen in Alufolie wickeln und auf ein Backblech legen. Den Knoblauch in einem auf 190 °C vorgeheizten Backofen etwa 1 Stunde backen, bis die Knoblauchknollen weich sind; dann aus der Alufolie nehmen und abkühlen lassen.

Über einem Sieb, das auf einer Schüssel liegt, die einzelnen Knoblauchzehen von den Knollen abtrennen und jede Zehe zwischen Daumen und Zeigefinger so zusammenpreßen, daß das Fleisch der Zehe aus der Haut geschoben wird. Die Schalen wegwerfen; dann den Knoblauch durch das Sieb in die Schüssel passieren. 2 TL Olivenöl abmessen und beiseite stellen; das restliche Öl in die Schale geben und mit dem Knoblauch verrühren. Das Püree in ein sterilisiertes ½ Liter-Glas geben, die 2 TL Olivenöl daraufgießen und das Glas verschließen. Bei einmal geöffneten Gläsern darauf achten, daß stets eine Schicht Olivenöl das Püree bedeckt.

Ergibt ½ Liter

Schrebergärten in der Grafschaft Durham.

PAPRIKASAUCE

Rote Paprika kann gegrillt und als Suppenfond verwendet werden, oder man verarbeitet sie zu einer einfachen Sauce für Gemüse und Nudeln.

16 große rote Paprikaschoten
¼ Tasse Rotweinessig
¾ Tasse Olivenöl
2 TL Salz

Die Paprikaschoten in einem vorgeheizten Backofengrill etwa 15 bis 20 Minuten grillen; dabei regelmäßig wenden und erst herausnehmen, wenn die Haut Blasen wirft und beinahe schwarz ist. Paprikaschoten in Plastikbeutel füllen, die Beutel luftdicht verschließen und die Schoten abkühlen lassen. (Mit dieser Methode löst man die Haut der Schoten ab und sorgt dafür, daß das Gemüse länger kochen und zarter werden kann.)

Ein Sieb über eine große Schüssel legen; jede Paprikaschote über das Sieb halten und die Haut abziehen. Dann (immer noch über dem Sieb) die Schoten aufschneiden und alle Samenkörner auskratzen; dabei kann der Gemüsesaft in die Schüssel fließen. Die Strünke herausschneiden und die Schoten entlang ihrer natürlichen Rippen in längliche Streifen zerschneiden. Die Streifen in die Schüssel legen.

Die geschälten Paprikastreifen zusammen mit ihrem Saft in einem Mixer pürieren, dann (bei noch laufendem Mixer) Essig, Öl und Salz hinzugeben.

Das Püree in drei sterilisierte ¼ Liter-Gläser füllen, die Gläser verschließen und im kochendheißen Wasserbad 10 Minuten einwecken. Die Klammern erst nach dem Erkalten der Gläser entfernen und die Verschlüsse kontrollieren. (Man kann die Sauce auch in Gefrierbehälter füllen und einfrieren.)

Ergibt ¾ Liter

PAPRIKASUPPE

4 Schalotten und
1 Kartoffel, in dünne Scheiben geschnitten
Salz
2 TL Olivenöl
1 Tasse Paprikasauce (Seite 189)
2 Tassen Hühnerfond
1 Tasse Sahne (18 %)
Cayennepfeffer
ca. $\frac{1}{4}$ Tasse Basilikumpüree (Seite 221)

Die Schalotten und die Kartoffel mit einer Prise Salz und dem Olivenöl in eine große Pfanne geben und auf kleiner Flamme ca. 20 Minuten anbraten. Dabei ständig rühren, bis das Gemüse weich, aber nicht gebräunt ist.

Nun Paprikasauce und Hühnerfond hinzugeben und das Ganze 10 Minuten simmern lassen.

Die Suppe in einem Mixer pürieren, dann in einen kleinen Topf geben und die Sahne darunterziehen. Mit Cayennepfeffer und Salz abschmecken.

Die Sauce gleichmäßig auf 4 Suppentassen verteilen und jede Tasse mit einem Eßlöffel Basilikumpüree garnieren.

Ergibt 4 Tassen

KÜRBISPÜREE

Dieses ungesüßte Püree läßt sich problemlos einfrieren und kann zu jedem Gericht verwendet werden, zu dem auch eingelegter Kürbis schmeckt. Kürbispüree ist eine ideale Grundlage für Suppen – zum Beispiel für die Kürbis-Spinat-Suppe (Seite 193) – oder für Pasteten, Quiches und würzige Gratins.

3,5–4,5 kg Kürbis

Den Kürbis der Länge nach vierteln, die zähen Fasern herausschneiden und die Kerne herausnehmen.

Die Kürbisviertel in eine Bratpfanne legen und mit Wasser aufgießen. Die Pfanne mit Alufolie abdecken und in einem auf 170 °C vorgeheizten Backofen etwa 1¼ Stunden backen, abkühlen lassen.

Wenn der Kürbis abgekühlt ist, wird das Fruchtfleisch püriert. Das Püree in Tiefkühlbehälter füllen und einfrieren.

Ergibt 6–7 Tassen

Erntedank mit Kürbissen, Knoblauch, Schalotten und Zwiebeln, die zum Trocknen ausgelegt wurden.

Menu
Potage à la Courge
Poulet au Citron
Salade Verte
au Chocolat

KÜRBIS-SPINAT-SUPPE

1 Stange Lauch, gut gewaschen und in dünne Scheiben geschnitten
1 Stückchen Sellerie, dünn geschnitten
2 EL Olivenöl
2 Tassen Kürbispüree (Seite 191)
3 Tassen Hühnerfond
$^1/_8$ TL frisch geriebene Muskatnuß Salz und frisch gemahlener Pfeffer
3 mittelgroße Kartoffeln, gekocht, geschält und in 0,5 cm dicke Scheiben geschnitten
225 g frische Spinatblätter, in dicke Streifen geschnitten
$^1/_2$ Tasse Sahne (38 %)

Lauch, Sellerie und Öl in eine große Kasserolle geben und unter ständigem Rühren ca. 10 Minuten auf kleiner Flamme kochen, bis das Gemüse zart ist.

Dann Kürbispüree, Hühnerfond und Muskat hinzugeben und das Ganze mit Salz und Pfeffer abschmecken. Danach die Mischung aufkochen und 20 Minuten simmern lassen. Nun die Suppe in einen Mixer füllen, pürieren und wieder in die Kasserolle geben.

Kartoffeln und Spinat hinzugeben und das Ganze 5 Minuten kochen, bis das Gemüse vollständig erhitzt ist. Nach Geschmack würzen; danach die Sahne unterrühren und die Suppe portionieren.

Für 6 Personen

Gefrorenes Kürbispüree ergibt einen ausgezeichneten Fond für eine herzhafte Wintersuppe.

KÜRBISSTÜCKE IN WEISSWEINESSIG

Diese Spezialität schmeckt am besten, wenn Sie dazu kleine, feste Zucchini oder kleine gelbe Gartenkürbisse verwenden. Den besonders großen Exemplaren fehlt es dagegen meist an Geschmack, und beim Einsalzen verlieren sie lediglich mehr Wasser.

- 2,5 kg Zuccini oder gelbe Gartenkürbisse (auch gemischt)
- 1 kg rote Zwiebeln, in dünne Scheiben geschnitten
- 1 Tasse grobes Meersalz
- 1 Tasse Zucker
- 2 TL Kurkuma (Gelbwurz)
- 1 l Weißweinessig
- 2 TL Senfkörner
- 4 TL Korianderkörner

Den Kürbis kreuzweise in etwa 1 cm dicke Stücke zerschneiden und zusammen mit den Zwiebeln und $^1/_4$ Tasse Salz in einer großen Schüssel durchrühren. Danach die Schüssel abdecken und das Ganze 24 Stunden ziehen lassen. Anschließend das Gemüse herausnehmen, kurz in einer großen Schale mit kaltem Wasser abspülen und sofort abtrocknen.

Zucker, Gelbwurz und die übrige $^3/_4$ Tasse Salz in einen Edelstahltopf geben, langsam den Essig dazugeben und das Ganze zu einer sämigen Mischung verrühren. Die Flüssigkeit erhitzen, bis sich der Zucker auflöst; dann aufkochen und 5 Minuten kochen lassen. Anschließend den Topf vom Herd nehmen.

Das abgetropfte Gemüse, die Senfkörner und den Koriander in den Topf geben und die Mischung mindestens 1 Stunde ziehen lassen.

Danach das Ganze auf kleiner Flamme aufkochen; anschließend das Gemüse mit einem Schaumlöffel herausnehmen und in warme, sterilisierte Gläser füllen. Die Flüssigkeit im Topf muß weitere 10 bis 15 Minuten kochen, bis sie um etwa 1 Tasse eingedickt ist.

Nun die kochende Flüssigkeit in die Gläser füllen, die Gläser sofort verschließen und abkühlen lassen. An einem kühlen, dunklen Ort mindestens 3 bis 4 Wochen ruhen lassen.

Ergibt 4 Liter

SONNENGETROCKNETE TOMATEN

Solange Sie nicht im strahlenden Sonnenschein eines mediterranen Klimas leben, sollten Sie sich gar nicht erst mit dem Trocknen von Tomaten abmühen. Auch wenn meine Freunde behaupten, daß die Trockenmethode im Ofen dazu gut geeignet ist, bin ich von den Ergebnissen nicht völlig überzeugt. Aber Sie können sonnengetrocknete Tomaten im Laden kaufen, sie dann in Öl einlegen und entweder pur oder als Püree verwenden, was beides sehr schmackhaft und zugleich preisgünstig ist.

Für Tomaten in Öl müssen zunächst sonnengetrocknete Tomaten in einer Mischung, die zu gleichen Teilen aus Essig und Wasser besteht, eingeweicht werden. Das dauert etwa 2 Stunden oder so lange, bis die Tomaten weich sind. Dann nimmt man die Tomaten aus der Flüssigkeit, trocknet sie mit Küchentüchern ab und füllt sie in sterilisierte Gläser. In jedes Glas kommen eine oder zwei getrocknete Chilischoten und ein Lorbeerblatt. Die Gläser werden mit Olivenöl von guter Qualität aufgefüllt, verschlossen und 2 bis 3 Tage stehengelassen. So halten sich die Tomaten etwa 6 Monate.

Für ein Püree nimmt man einige in Olivenöl eingelegte sonnengetrocknete Tomaten und püriert sie in einem Mixer oder einer Passiermaschine. Je nach Geschmack kann man das Püree mit frischen Knoblauch oder schwarzem Pfeffer servieren. In sterilisierten Gläsern lagern und immer mit einer Schicht Olivenöl bedeckt halten.

Blühende Zucchini in einem Gemüsegarten in Northcut auf der Isle of Wight.

SPAGHETTI MIT ROTER MUSCHELSAUCE

1 l Tomaten in Tomatensauce (siehe rechts)
$^{1}/_{4}$ Tasse Olivenöl
2 Schalotten, kleingehackt
1 Knoblauchzehe, kleingehackt
450 g frische Babymuscheln, gut gewaschen
$^{1}/_{2}$ Tasse trockener Weißwein
500 g Spaghetti
Salz und frisch gemahlener Pfeffer
$^{1}/_{2}$ Tasse Blattpetersilie, kleingehackt

Die Tomaten mit der Tomatensauce in einer großen Schwenkpfanne langsam erhitzen, bis sie völlig durchgewärmt sind; danach beiseite stellen.

Das Öl in einer tiefen Kasserolle und bei mäßiger Hitze erwärmen, die Schalotten und den Knoblauch hinzugeben und so lange kochen, bis sie zart, aber nicht gebräunt sind. Muscheln und Weißwein hineingeben und das Ganze aufkochen. Nun die Kasserolle abdecken und die Muscheln bei mäßiger Hitze 5 bis 7 Minuten kochen lassen; dabei die Kasserolle von Zeit zu Zeit schwenken, bis alle Muscheln sich geöffnet haben; beiseite stellen.

Die Nudeln in einen großen Topf mit kochendem Salzwasser geben und *al dente* (bißfest) kochen; danach abtropfen lassen.

Zum Schluß Nudeln und Tomaten in der Schwenkpfanne verrühren, die Muscheln und ihre heiße Brühe dazugeben und das Ganze mit Salz und Pfeffer abschmecken. Das fertige Gericht mit Petersilie bestreuen und sofort servieren.

Für 4 Personen

Spaghetti mit roter Muschelsauce sind eine kräftige Mahlzeit, die besonders gut schmeckt, wenn sie mit selbsteingelegten Tomaten in Tomatensauce zubereitet wird.

TOMATEN IN TOMATENSAUCE

5,5 kg schnittfeste Tomaten, vorzugsweise eine pflaumenförmige Sorte
2 EL Salz
$^{1}/_{2}$ Tasse Olivenöl
1 Zwiebel, kleingehackt
2 Knoblauchzehen, gepreßt
1 Bündel Suppengrün mit Kräutern (Seite 237)
4 oder 5 Zweige frisches Basilikum

Bei 3 kg Tomaten den Kelch keilförmig herausschneiden, danach die Haut der Kelchseite X-förmig einkerben. Dann diese Tomaten in einem großen Topf mit kochendem Salzwasser 30 Sekunden blanchieren, bis die Haut abplatzt, herausnehmen, abtropfen und abkühlen lassen. Nach dem Abkühlen die Haut abziehen und die Tomaten halbieren (bei pflaumenförmigen Tomaten vertikal, bei runden horizontal schneiden); danach die Kerne herausdrücken. Anschließend die Hälften nebeneinander in ein oder zwei Siebe über eine oder zwei große Schüsseln legen, mit 1 EL Salz bestreuen und mehrere Stunden trocknen.

In der Zwischenzeit das Öl in einer großen Kasserolle auf kleiner Flamme erhitzen; Zwiebeln und Knoblauch hinzugeben und so lange kochen, bis sie glasig sind. Die restlichen 2,5 kg Tomaten vierteln und zusammen mit dem Suppengrün in die Kasserolle geben. Das Ganze bei mäßiger Hitze 25 bis 30 Minuten kochen, bis die Tomaten weich sind. Dann das Suppengrün herausnehmen und die Tomatenmischung durch ein Sieb in eine Schüssel passieren. Mit 1 EL Salz würzen und abkühlen lassen.

Die getrockneten Tomatenhälften in vier oder fünf 1 Liter-Gläser füllen und in jedes Glas einen Zweig frisches Basilikum geben; danach mit der Tomatensauce auffüllen und verschließen.

Die Gläser im kalten Wasserbad 45 Minuten einwecken. Entfernen Sie die Klammern erst nach dem Erkalten der Gläser, und kontrollieren Sie die Verschlüsse.

Ergibt 4–5 Liter

POLENTAGRATIN MIT EINGELEGTEN TOMATEN UND FONTINA-KÄSE

Dieses Gericht zeigt sehr anschaulich, wie Sie mit eingelegten Tomaten schnell ein Essen auf den Tisch zaubern können. Dabei läßt sich die Polenta auch schon einen Tag vorher zubereiten. Und so können Sie die fertige Mahlzeit noch schneller auf den Tisch bringen.

1 TL grobes Salz
1 Tasse grobes gelbes Maismehl
2 EL weiche Butter
$^1/_4$ Tasse Olivenöl, zusätzlich Öl zum Besprenkeln des Gratins
2 Tassen Tomaten in Tomatensauce (Seite 197)
225 g Fontina-Käse, gerieben
Salz und frisch gemahlener Pfeffer

In einer großen Kasserolle 3 Tassen Wasser mit dem Salz vermischen und zum Kochen bringen. Das Maismehl langsam dazugeben, unterrühren und die Mischung auf kleiner Flamme etwa 20 Minuten kochen; dabei ständig umrühren, so daß nichts ansetzen oder anbrennen kann, und die Mischung kochen, bis sich eine feste Masse bildet. Die Butter unterziehen.

Nun den Teig in eine gefettete Form von 20 x 20 x 3,5 cm Größe geben, mit Wachspapier bedecken, so daß sich keine Kruste bilden kann, und das Ganze 1 Stunde kühlstellen. Diese Polenta läßt sich auch schon einen Tag im voraus zubereiten; dann kühl und bedeckt aufbewahren.

Die Polenta auf ein Schneidebrett stürzen, mit 2 EL Öl bestreichen und zuerst in 5 cm große Würfel, dann diagonal in Dreiecke zerschneiden. Diese Dreiecke in einem vorgeheizten Backofengrill 2 Minuten grillen, bis die Oberflächen goldbraun sind.

Anschließend eine Hälfte der Polentadreiecke in eine gefettete Gratinform geben und darauf eine Schicht aus Tomaten und Tomatensauce gießen. Diesen Vorgang mit der anderen Hälfte und den restlichen Tomaten wiederholen und die oberste Schicht Tomaten mit geriebenem Fontinakäse bedecken. Mit Salz und Pfeffer abschmecken.

In einem auf 200 °C vorgeheizten Backofen das Gratin 10 Minuten backen, dann die Temperatur auf 180 °C reduzieren und das Gratin solange backen, bis die Tomaten heiß sind und der Käse geschmolzen ist und Blasen wirft. Nach Wunsch das Gratin mit dem übrigen Olivenöl besprenkeln und sofort servieren.

Für 4–6 Personen

FRISCHER THUNFISCH MIT TOMATEN IN TOMATENSAUCE

Dieses Thunfischgericht habe ich zum ersten Mal in Italien gegessen, und obwohl es damals mit frischen Tomaten gekocht wurde, schmeckt es ebensogut, wenn Sie dazu selbsteingelegte Tomaten verwenden.

1 kg frischer Thunfisch am Stück, enthäutet
2 Zwiebeln, dünn geschnitten
500 g Karotten, in 1 cm dicke Scheiben geschnitten
2 Knoblauchzehen, gepreßt
1 Lorbeerblatt
einige Zweige frischer Thymian
1 Tasse Olivenöl
1 l Tomaten in Tomatensauce (Seite 197)
Salz und frisch gemahlener Pfeffer

Thunfisch, Zwiebeln, Karotten, Knoblauch, Lorbeerblatt, Thymian und $^1/_2$ Tasse Öl in eine große, flache, feuerfeste Backform geben und das Ganze bei Zimmertemperatur 30 Minuten marinieren lassen.

Nun die Mischung mit dem übrigen Öl und den eingelegten Tomaten übergießen und auf kleiner Flamme zum Kochen bringen. Danach die Backform mit Alufolie abdecken und in einem auf 180 °C vorgeheizten Backofen 1 Stunde backen. Nach einer Stunde die Folie abnehmen und das Thunfischgericht weitere 30 Minuten kochen, bis der Thunfisch zart ist; dabei regelmäßig mit Fett übergießen. Anschließend den Fisch bei Zimmertemperatur abkühlen lassen.

Nun möglichst viel Thunfischsauce in eine Schüssel löffeln und mit Salz und Pfeffer abschmecken. Den Thunfisch in dünne Scheiben schneiden, die Scheiben auf einer Servierplatte anrichten und Sauce und Gemüse darübergeben.

Für 8–10 Personen

CHUTNEY AUS GRÜNEN TOMATEN

Dies ist eine typisch englische Spezialität – und eine sehr einfache Methode, unreife Herbsttomaten zu verarbeiten.

2,5 kg grüne Tomaten
4 EL Salz
1 kg Kochäpfel, geschält, entkernt und grob gehackt
500 g rote Zwiebeln, in dünne Scheiben geschnitten
3–4 Knoblauchzehen, kleingehackt oder mit etwas Salz im Mörser zu Brei zerstoßen
2 TL frisch geriebener Ingwer
2 Tassen Rotweinessig
2 getrocknete Chilischoten (Seite 225)
1 TL Kreuzkümmelkörner
3 Gewürznelken
1/4 Tasse Senfmehl
1 1/2 Tassen dicht gehäufter dunkelbrauner Zucker
1 1/2 Tassen getrocknete Johannisbeeren

Die Kelche der Tomaten keilförmig herausschneiden, danach die Haut der Kelchseite X-förmig einkerben. Dann die Tomaten in einer großen Kasserolle mit kochendem Salzwasser 1 Minute blanchieren, herausnehmen und in einem Sieb abtropfen lassen. Nach dem Abkühlen die Haut abziehen, die Tomaten halbieren und die Kerne herausdrücken. Nun die Hälften in 1 cm große Stückchen zerhacken, mit 2 EL Salz bestreuen und im Sieb 2 Stunden abtropfen lassen.

Anschließend die abgetropften Tomaten, die Äpfel, rote Zwiebeln, Schalotten, Knoblauch, Ingwer, 2 EL Salz und 1 Tasse Essig in einem großen Emaille- oder Edelstahltopf auf

kleiner Flamme zum Kochen bringen und unter ständigem Rühren 30 Minuten simmern lassen.

Während die Tomatenmischung kocht, mahlen Sie die Chilischoten, die Kreuzkümmelkörner und die Nelken in einer Gewürz- oder Kaffeemühle zu einem feinen Pulver. Dieses Pulver mischen Sie gründlich in einer Schüssel mit dem Senfmehl und dem braunen Zucker.

1 Tasse Essig, das Gewürzpulver und die Johannisbeeren in die Tomatenmischung geben und das Chutney unter ständigem Rühren 45 Minuten simmern lassen, bis es um etwa ein Viertel eingedickt ist.

Das Chutney in warme, sterilisierte Gläser füllen, die Gläser verschließen und an einem kühlen, dunklen Ort mindestens 3 Monate ruhen lassen.

Ergibt 2 Liter

KRÄFTIGE TOMATENSAUCE

Die frische Würze von Sommertomaten läßt sich ohne große Mühe konservieren.

- $^1/_4$ Tasse Olivenöl
- 1 große Zwiebel, kleingehackt
- 2 Karotten, kleingehackt
- 2,5 kg reife Tomaten (vorzugsweise eine pflaumenförmige Sorte), 1 Minute in kochendem Wasser blanchiert, geschält, entkernt und grob gehackt
- 1 Knoblauchknolle, geschält
- 1 Bündel Suppengrün mit Kräutern (Seite 237)
- 2 EL grobes Salz

Das Öl in einer großen Kasserolle auf kleiner Flamme erhitzen, Zwiebeln und Karotten hinzugeben und etwa 20 Minuten kochen, bis sie weich sind. Dann Tomaten, Knoblauch, Suppengrün und Salz in die Kasserolle geben; die Mischung bei mäßiger Hitze zum Kochen bringen und 45 Minuten simmern lassen.

Nun das Suppengrün herausnehmen und die Sauce durch ein feinmaschiges Sieb in eine Schüssel passieren; größere Stücke dabei fest auspressen, so daß sie alle Flüssigkeit abgeben. Die Sauce aus der Schüssel wieder in die Kasserolle gießen und so lange erhitzen, bis sie zu köcheln beginnt; danach abschmekken. Anschließend die Sauce in warme Gläser füllen und im kochendheißen Wasserbad einwecken (Gläser bis zu 500 ml Füllmenge ca. 30 Minuten, Gläser bis zu 1 Liter 45 Minuten).

Ergibt 2 Liter

Ein selbstgemachter Nudelteig wird vor dem Kochen ausgerollt und getrocknet.

MAISMEHLPIZZA MIT EINGELEGTEN AUBERGINEN UND TOMATENSAUCE

2 Tassen Weizenmehl (Type 550)
1 Tasse gelbes Maismehl, zusätzlich
3 EL gelbes Maismehl
2 TL Salz
1 Tütchen Trockenhefe (7 g)
2 EL Olivenöl
2–3 Tassen kräftige Tomatensauce (Seite 201)
24 Scheiben Auberginen in Olivenöl (Seite 183), abgetropft
$^1/_4$ Tasse frische Basilikumblätter, kleingerupft
115 g Mozzarella, in dünne Scheiben geschnitten

Weizenmehl, 1 Tasse Maismehl und Salz vermischen. Eine Vertiefung in die Mitte des Mehls drücken und die Hefe mit 1 Tasse warmen Wasser hineingeben. Die Hefe etwa 5 Minuten lang auflösen lassen.

Dann Olivenöl in die Mitte der Vertiefung gießen und das Mehl in die Flüssigkeit einkneten, bis ein gleichmäßiger Teig entsteht. Den Teig auf einer leicht bemehlten Oberfläche etwa 5 Minuten kneten, bis er weich und geschmeidig ist; danach in eine mit Öl gefettete Schüssel legen und so lange drehen, bis der Teig vollständig mit Öl bedeckt ist. Den Teig mit einem Tuch abdecken und an einem warmen Ort etwa 2 Stunden gehen lassen, bis er einen dreifachen Umfang erreicht hat.

Mit den restlichen 3 EL Maismehl eine runde Pizzaform von 40 cm Durchmesser bestreuen. Den Teig erneut durchkneten, auf 0,5 cm Dicke ausrollen und in die Pizzaform legen. Dann die Tomatensauce gleichmäßig auf dem Teig verteilen und mit den Auberginenscheiben dekorativ belegen. Käse und Basilikum darüberstreuen und die Pizza in einen auf 250 °C vorgeheizten Backofen schieben. Nach 10 Minuten die Temperatur auf 190 °C reduzieren und die Pizza weitere 5 bis 10 Minuten backen, bis die Teigkruste goldbraun und knusprig ist.

Ergibt eine Pizza von 40 cm Durchmesser

TOMATENKETCHUP

Wenn Sie beim Griff nach einer Flasche Tomatenketchup kein schlechtes Gewissen haben wollen, sollten Sie ihr Ketchup selbst herstellen, denn der würzige Geschmack dieser Tomatensauce ist unvergleichlich.

4,5 kg reife Tomaten, geschält, entkernt und grob gehackt
3 rote Paprikaschoten, grob gehackt
4 große rote Zwiebeln, in dünne Scheiben geschnitten
1 Knoblauchknolle, geschält
2 Tassen Rotweinessig
1 Tasse brauner Zucker
2 TL grobes Salz
1 EL Selleriesamen
1 Scheibe frischer Ingwer (0,5 cm dick)
1 kleines Stück Muskatblüte
1 EL Senfkörner
2 TL schwarze Pfefferkörner

In einem großen Edelstahltopf Tomaten, Paprika, Zwiebeln, Knoblauch und 1 Tasse Essig miteinander vermischen; dann das Ganze zum Kochen bringen und mindestens 25 Minuten simmern lassen, bis alle Gemüse so weich sind, daß sie mit einem Holzlöffel zerdrückt werden können.

Die Knoblauchknolle herausnehmen und das übrige Gemüse in einem Mixer oder einer Passiermaschine pürieren. Anschließend das Püree wieder in den Topf gießen und die restliche Tasse Essig, den braunen Zucker und das Salz hinzugeben. Alle anderen Gewürze in ein Stück Mulltuch binden und ebenfalls in den Topf legen. Nun die Mischung aufkochen und unter ständigem Rühren 2 Stunden simmern lassen, bis sie stark eingedickt ist.

Das Ketchup abschmecken und in vier warme ½ l-Gläser füllen. Die Gläser verschließen und im kochendheißen Wasserbad 10 Minuten einwecken. Die Klammern erst nach dem Erkalten der Gläser entfernen und die Verschlüsse kontrollieren.

Ergibt 2 Liter

Links: Heranreifende Tomaten.
Oben: Zwiebeln trocknen im Garten in langen Reihen.

CHUTNEY AUS GRÜNEN GEMÜSE

Mit diesem wundervollen Rezept verwandeln Sie die günen Bohnen, grünen Tomaten und die grünen Paprikaschoten eines Sommers in ein dauerhaftes Andenken. Sie sollten dieses Chutney zu einem einfachen Sandwich mit Cheddarkäse genießen.

- 2,5 kg grüne Tomaten
- 1 EL Salz
- 1,5 kg grüne Paprika
- 500 g grüne Bohnen
- ¼ Tasse Olivenöl
- 4 Zwiebeln, in dünne Scheiben geschnitten
- 3–4 Knoblauchzehen, zerhackt
- 3 kleine getrocknete Chilischoten (Seite 225)
- 1 Lorbeerblatt
- ¼ TL Safranfäden, in 1 EL kochendem Wasser aufgelöst
- 1 Tasse dunkelbrauner Zucker
- ½ Tasse Kristallzucker
- 3 Tassen Weißweinessig
- 1 Tasse getrocknete Johannisbeeren
- 4 EL Korianderkörner, gemahlen

Die Tomaten in einem großen Topf mit kochendem Wasser 1 Minute blanchieren, dann mit einem Schaumlöffel zum Abtropfen in ein Sieb legen (das kochende Wasser für die Paprikaschoten zur Seite stellen). Die abgekühlten Tomaten schälen, halbieren und die Kerne herausdrücken. Das Fruchtfleisch in 1 cm große Würfel schneiden, mit Salz bestreuen und in einem Sieb etwa 2 Stunden abtropfen lassen.

Die Paprikaschoten in 1 cm große Stücke schneiden, das Wasser wieder zum Kochen bringen und die Paprikastücke 5 Minuten in kochendem Wasser blanchieren. Dann zum Abtropfen in ein Sieb legen (das kochende Wasser für die grünen Bohnen beiseite stellen).

Nun die grünen Bohnen in etwa 1 cm große Stücke schneiden, das Wasser erneut aufkochen und die Bohnenstücke 1 Minute darin blanchieren; herausnehmen und abtropfen lassen.

In einem hohen Emailletopf oder einer großen, schweren Kasserolle das Öl auf kleiner Flamme erhitzen, Zwiebeln, Knoblauch, Chilischoten, Lorbeerblatt und Safranmischung hinzugeben und das Ganze im verschlossenen Topf 10 bis 15 Minuten kochen, bis die Zwiebeln weich sind. Während die Mischung kocht, braunen Zucker und Kristallzucker mit dem Essig in einen kleinen Topf geben und den Zucker auf kleiner Flamme unter ständigem Rühren auflösen.

Die Chilischoten und das Lorbeerblatt aus dem Topf nehmen und das blanchierte Gemüse, die Johannisbeeren, den gemahlenen Koriander und die Zuckeressigmischung hinzugeben. Nun das Chutney bei mittlerer Hitze aufkochen und 1 Stunde simmern lassen; dabei ständig umrühren, bis es sehr dickflüssig wird.

Das Chutney in warme, sterilisierte Gläser füllen, die Gläser verschließen und an einem kühlen, dunklen Ort mindestens 3 Monate ruhen lassen.

Ergibt 2,5 Liter

MIXED PICKLES

Dieses Rezept läßt sich mit verschiedenen Gemüsesorten (je nach Jahreszeit und persönlichem Geschmack) sehr leicht abwandeln. Sie können dazu Pilze, Porree, Fenchel, Sellerie und viele andere Gemüse verwenden. Im eigenen Saft und mit Kräutern serviert, sind Mixed Pickles eine sehr schlichte, aber schmackhafte Vorspeise.

- 4 Zucchini, in 0,5 cm dicke Scheiben geschnitten
- 450 g dünne grüne Bohnen
- 2 Blumenkohlköpfe, in einzelne Röschen zerbrochen
- 4 rote Paprikaschoten, der Länge nach in 1 cm breite Streifen geschnitten
- 450 g Spargel, in 1 cm dicke Scheiben geschnitten
- 450 g kleine Gewürzzwiebeln, geschält
- 2 Bündel kleine Karotten, geputzt
- ca. 2 Tassen grobes Meersalz

6 Tassen Weißweinessig
4 Tassen Olivenöl
4–8 getrocknete Chilischoten
(Seite 225)
2 EL Dillsamen
4 Lorbeerblätter

Das vorbereitete Gemüse erneut wiegen; dann in einer großen Schüssel mit je 1/4 Tasse Meersalz und 2 Tassen Wasser auf 450 g Gemüse vermischen. Das Ganze mindestens 12 Stunden (oder über Nacht) stehen lassen. Danach das Gemüse herausnehmen, abtropfen, in kaltem Wasser abspülen und erneut abtropfen.

Den Essig und das Gemüse 5 Minuten kochen; das Gemüse herausnehmen und in eine große Schüssel legen. Nun den Essig kochen, bis er auf etwa 4 Tassen eingedickt ist. Das Öl hineingießen, ein paar Minuten kochen und das Ganze leicht abkühlen lassen. Das Gemüse auf vier warme, sterilisierte 1 Liter-Gläser verteilen und in jedes Glas Dillsamen, Chilischoten und Lorbeerblätter stekken. Danach die Essig-Öl-Mischung über das Gemüse gießen, die Gläser verschließen und mindestens 2 Wochen ruhen lassen.

Ergibt etwa 4 Liter

BLÜTEN BLÄTTER UND GEWÜRZE

Kapuzinerkresse im Garten von Clapham House, Sussex.

BLÜTENESSIG

Wenn man Lavendel, Kapuzinerkresse, Holunderblüten oder Veilchen einige Monate in Essig einlegt, kann man einen einfachen Essig in eine Delikatesse verwandeln.

Die frischen Blüten sollten zuerst gründlich ausgeschüttelt werden, um Staub und andere Schmutzpartikel zu entfernen, und auf einem Drahtgitter einen Tag (möglichst in der Sonne) trocknen, damit sich ihr Aroma verstärkt. Sie können die Blüten auch mit anderen aromatischen Zutaten kombinieren. Am besten verwenden Sie einen Rotweinessig, aber auch Weißweinessig leistet gute Dienste.

Das folgende Rezept kann problemlos nach Geschmack verändert und abgewandelt werden.

2 große Handvoll frische Blüten, in der Sonne trocknen lassen
1 Knoblauchknolle ohne die papierartige Schale
2–3 Schalotten, sehr klein geschnitten
2 TL Gewürznelken
2 l Rotweinessig

Die Blüten, Knoblauch, Schalotten und Gewürznelken in ein Gefäß aus glasiertem Steingut (3–4 Liter Füllmenge) geben, da dieses Material die Geschmacksstoffe weder annimmt, noch selbst Geschmacksstoffe abgibt.

Den Essig in einem kleinen Topf aufkochen lassen und ebenfalls in den Steinguttopf füllen. Sobald der Essig abgekühlt ist, das Gefäß gut abdecken und die Mischung mindestens 2 Monate ruhen lassen.

Dann das Ganze durch ein Sieb gießen, das mit einem feuchten Mulltuch doppelt ausgelegt wurde. Den Blütenessig in Flaschen füllen und die Flaschen verschließen.

Ergibt 2 Liter

RHABARBER-ROSENBLÜTEN-KONFITÜRE

Für diese Konfitüre, die zart nach Rosen und Rhabarber schmeckt, können Sie ganz normale Gartenrosen verwenden, wobei alte Rosen allerdings einen intensiveren Geschmack erzeugen.

- 2 kg frischer zarter Rhabarber
- 5 Tassen Zucker
- $\frac{1}{2}$ Tasse Apfelpektin-Fond (Seite 63) oder 2 Kochäpfel, geschält, entkernt und grob gehackt, die Kerne in ein Mullsäckchen gewickelt
- $\frac{1}{4}$ Tasse frisch gepreßter Zitronensaft
- $1\frac{1}{2}$–2 Tassen rote Rosenblütenblätter, den weißen Blattansatz entfernt

Den Rhabarber in 1 cm dicke Stücke schneiden und mit dem Zucker in eine große Schüssel geben. (Wenn Sie die Kochäpfel verwenden, sollten Sie nun die Kerne mit dem Mullsäckchen dazugeben.) Die Mischung mindestens 12 Stunden abgedeckt ruhen lassen.

Das Ganze (gegebenenfalls mit dem Apfelkernsäckchen) in einen großen Topf geben und auf kleiner Flamme zum Kochen bringen. Den Apfelpektin-Fond (falls keine Kochäpfel verwendet wurden) und den Zitronensaft hinzufügen und die Mischung 20 Minuten kochen lassen, bis der Gelierpunkt erreicht ist. Schaum abschöpfen. Das Säckchen mit den Apfelkernen entfernen und die Konfitüre ca. 10 Minuten abkühlen lassen.

Nun die Rosenblütenblätter unterrühren, die Konfitüre in warme, sterilisierte Gläser füllen und die Gläser verschließen.

Ergibt 1,5 Liter

Oben: Zarter Rhabarber in der Morgensonne. Folgende Doppelseite: Der Gemüsegarten von Barnsley House in Gloucestershire wurde sorgfältig in einzelne Bereiche unterteilt, die mit Kräuterpflanzen und dekorativen Rosenbüschen voneinander getrennt sind.

HAGEBUTTENSIRUP

Schenkt man einer Volksweisheit Glauben, dann sollten Hagebutten, die man zum Kochen verwenden will, nach dem ersten Frost gepflückt werden. Hagebutten können nicht nur zu Gelee und Konfitüre verarbeitet werden, sondern auch zu Sirup, der köstlich zu warmem Napfkuchen (Seite 230) und Obstsalaten schmeckt.

1 kg Hagebutten
1 Flasche (0,7 l) trockener Weißwein
ca. 750 g klarer heller Honig

Die Hagebutten mehrfach in kaltem Wasser waschen, die schwarze Spitze abschneiden und die Früchte halbieren. Den Wein mit den Hagebutten in einer flachen Schüssel 8 Stunden (oder über Nacht) ruhen lassen.

Die Mischung in einen großen Topf geben, die Flüssigkeit auf kleiner Flamme zum Kochen bringen und die Hagebutten etwa 15–20 Minuten simmern lassen, bis sie sehr weich sind und mit einem Holzlöffel zerdrückt werden können. Schaum abschöpfen.

Dann die Mischung durch ein Sieb gießen, das mit einem feuchten Mulltuch doppelt ausgelegt wurde; mehrere Stunden abtropfen lassen. Den passierten Fruchtsaft mit einem Meßbecher messen und für 1¼ Tassen Saft 350 g Honig berechnen.

In einem Topf den Honig mit dem Saft vermischen und unter Rühren auf kleiner Flamme erhitzen, bis sich der Honig auflöst. Den Sirup zum Kochen bringen, 5 Minuten kochen lassen und in warme Flaschen füllen. (Wenn Sie den Sirup vorher noch einmal durch die feuchten Mulltücher passieren, erhalten Sie einen wirklich klaren Sirup.)

Die Flaschen verschließen, im kochendheißen Wasserbad 5 Minuten einwecken und erst nach dem Erkalten mit Siegellack versiegeln.

Ergibt 3 Tassen

Hagebutten im Spätherbst; dahinter der überwältigende Blick auf eine Landschaft in Worcestershire.

BLÜTENZUCKER

Verleihen Sie Ihren Kuchen, Eier- und Eiscremes, Torten und Plätzchen, ja sogar Gelees mit diesem Blütenzucker eine ganz besondere Note.

Für diesen Zweck sind sehr aromatische Blumen wie Lavendel, Rosen und Veilchen am besten geeignet, aber auch mit den Blättern der Duftpelargonie und der Zitronenmelisse lassen sich schmackhafte Ergebnisse erzielen. Sammeln Sie nur trockene Blüten und Blätter und schütteln Sie sie kräftig aus, um Staub und andere Schmutzpartikel zu entfernen. Verzichten Sie von vornherein auf Blüten, die gewaschen werden müßten. Entfernen Sie nun den bitteren weißen Blütenansatz der Blütenblätter, bzw. zerreiben Sie die Blätter ein wenig zwischen den Fingern, um ihr Aroma hervorzulocken. Die Blüten oder Blätter anschließend auf einem Drahtgitter locker verteilen und über Nacht trocknen lassen; das intensiviert das Aroma.

Rechnen Sie für 4 Tassen Zucker entweder $\frac{1}{2}$ Tasse Blütenblätter, ein paar Lavendelzweige oder 3–4 Blätter der Duftpelargonie bzw. der Zitronenmelisse. Die Zutaten schichtweise in ein Vorratsgefäß geben und mindestens 2 Wochen ruhen lassen, damit der Zucker das Aroma aufnehmen kann. Die aromatischen Substanzen können nun herausgesiebt werden oder als Erinnerung an die Geschmacksrichtung im Gefäß verbleiben.

LAVENDELEIS

Lavendeleis läßt sich sehr leicht herstellen und es ergibt einen köstlichen Nachtisch. Bereiten Sie die Eiscreme einfach nach dem Rezept für Vanilleeis (Seite 235) zu und ersetzen Sie die Vanilleschoten durch 3 bis 4 Lavendelzweige. Der Lavendel sollte ca. 30 Minuten in der Milch ziehen, bevor Sie ihn herausfiltern. Zum Schluß garnieren Sie das Eis mit ein paar zerriebenen Lavendelknospen.

Lavendelfelder an der Nordseeküste von Norfolk.

SAUERAMPFERPÜREE

Beim Sauerampfer handelt es sich um ein Blattgemüse, das nach Zitronen duftet und in Frankreich nicht ungewöhnlicher ist als Blattspinat. Dort verwendet man es in zahlreichen Suppen, Eierspeisen und Saucen und reicht es besonders gerne zu öligem Fisch wie Lachs und Alse.

In den Sommermonaten wachsen die französischen Sauerampferarten selbst in kleinen Balkonkästen oder Töpfen außerordentlich schnell. Am besten rupfen Sie die Blätter aus, sobald sie erscheinen und verwenden sie frisch oder frieren sie für den Winter ein.

500 g Sauerampfer, gewaschen und ohne Stengel
60 g Butter

Ein paar Sauerampferblätter übereinanderschichten und der Länge nach zusammenrollen; diese Bündel in dünne Streifen schneiden. Auf diese Weise nacheinander alle Sauerampferblätter vorbereiten.

Die Butter in einem großen Edelstahltopf auf kleiner Flamme erhitzen und den Sauerampfer in der Butter unter ständigem Rühren kochen, bis er zu Püree zusammenfällt. Das Sauerampferpüree abkühlen lassen, in Tiefkühlbehälter füllen und einfrieren.

Ergibt $\frac{1}{2}$ Tasse

SAUERAMPFERSAUCE

1 Tasse Sahne (38 %)
$\frac{1}{2}$ Tasse Sauerampferpüree (siehe oben)
1–2 EL Butter
Salz
Cayennepfeffer

Die Sahne in einem kleinen Topf aufkochen, das Sauerampferpüree hinzufügen und die Butter darunterrühren. Mit Cayennepfeffer und Salz abschmecken.

Ergibt $1\frac{1}{2}$ Tassen

SAUERAMPFERSUPPE

4 Stangen Röhrenlauch, in dünne Scheiben geschnitten
1 Kartoffel, in dünne Scheiben geschnitten
60 g Butter
2 Tassen in Streifen geschnittener Kopfsalat oder anderer Blattsalat
4 Tassen Hühnerfond
2 große Eier
Salz
½ Tasse Sauerampferpüree (siehe oben)
½ Tasse Sahne (38 %)
1 Prise Zucker
Cayennepfeffer

Kartoffel und Lauch mit 3 EL Butter in einem Edelstahltopf unter ständigem Rühren auf kleiner Flamme 10 Minuten dünsten, bis das Gemüse glasig, aber nicht braun ist. Salat und Hühnerfond hinzufügen, die Flüssigkeit kurz aufkochen und das Gemüse 20 Minuten simmern lassen.

In der Zwischenzeit die Eier mit etwas Salz schlagen. Die restliche Butter in einer Omelettpfanne von 20 cm Durchmesser bei mittlerer Hitze erhitzen, die Eier dazugeben und die Pfanne schwenken, damit sich die Flüssigkeit verteilen kann. Das Omelett wenden und ca. 30 Sekunden backen, bis es goldbraun ist; auf ein Schneidebrett legen.

Die Suppenmischung zusammen mit dem Sauerampferpüree in einem Mixer pürieren und anschließend in dem großen Topf mit Sahne und Zucker auf kleiner Flamme erwärmen, bis die Suppe heiß ist; mit Salz und Cayennepfeffer abschmecken.

Die Suppe in vier Suppentassen schöpfen, das Omelett in 0,5 cm dicke Streifen schneiden und zur Suppe geben.

Für 4 Personen

Eine Schale mit frisch gepflücktem Sauerampfer im Dunsborough Park, Surrey. Folgende Doppelseite: Zarte Weinblätter aus einem Garten in London.

BASILIKUMPÜREE

Falls Sie in Ihrem Garten ein großes Beet mit Basilikum haben, können Sie den feinen Geschmack der aromatischen Blätter einfangen und für spätere Verwendungszwecke zu einem Püree verarbeiten. Nehmen Sie dazu am besten griechische oder italienische Basilikumarten; das violettfarbene Opal-Basilikum sollten Sie lieber frisch verbrauchen. Basilikumpüree eignet sich als Basis für ein Salatdressing (1–2 EL Püree), als Beilage zu gegrilltem Fisch und Gemüse oder gedämpften neuen Kartoffeln, und natürlich paßt es auch zu Nudeln. Bereiten Sie doch einmal eine pikante Pestosauce aus Basilikumpüree, frisch geriebenen Pinienkernen, Knoblauch und geriebenem Parmesan; oder verleihen Sie einer Gemüse- oder Tomatensuppe mit einem Klacks Basilikumpüree eine ganz besondere Note.

5 Tassen Basilikumblätter, gewaschen, Stiele entfernt und getrocknet (ca. 150 g)
2 EL feines Meersalz
1 Tasse Olivenöl, zusätzlich etwas Öl zum Auffüllen

Die Basilikumblätter mit dem Salz in einem Mixer pürieren und langsam 1 Tasse Öl hinzulaufen lassen. Mit einem Küchenspatel die pürierten Basilikumblätter hin und wieder von den Innenseiten des Mixers nach unten schieben und das Ganze pürieren, bis es völlig glatt ist.

Das Püree portionsweise in kleine sterilisierte Gläser füllen (so daß es nach dem Anbruch schnell aufgebraucht werden kann) und mit einer 0,3 cm dicken Schicht Öl bedekken. Geöffnete Gläser immer wieder mit Öl auffüllen, damit sich das Basilikumpüree nicht verfärbt.

Ergibt 2½ Tassen

Vorhergehende Doppelseite: Zum Konservieren vorbereitete Weinblätter. Oben: Gebratene Wachteln mit Weinblättern.

EINGELEGTE WEINBLÄTTER

Möglicherweise besitzen Sie oder jemand aus Ihrem Bekanntenkreis einen Weinstock, so daß Ihnen im Sommer genügend Weinblätter zum Einlegen zur Verfügung stehen – selbst wenn die Weintrauben sich nicht zum Verzehr oder zum Keltern eignen. Mit Weinblättern lassen sich nicht nur Reste vom Vortag dekorativ umwickeln und zu einem neuen Gericht kombinieren, Sie können die Blätter auch mit Reis oder Fleisch füllen und sie als Hors-d'œuvre reichen. Sehr schmackhaft sind die Blätter auch, wenn man sie gegrillt oder überbacken in einer Tomatensauce serviert oder beim Grillen von kleinem Wildgeflügel verwendet. Dazu wird das Brustfleisch mit einigen Blättern belegt, damit es schön saftig bleibt (siehe rechts ›Gebratene Wachteln mit Weinblättern‹).

500 g junge zarte Weinblätter
1 Tasse grobes Meersalz

Die Weinblätter waschen und vorsichtig die Stengel abtrennen, ohne die Blätter dabei zu beschädigen. Die Blätter in vier Haufen teilen und schubweise in einen Topf mit kochendem Wasser geben, das Wasser erneut aufkochen lassen, die Blätter herausnehmen und auf Küchentüchern abtropfen lassen.

2 Liter Wasser zum Kochen bringen, das Salz hinzufügen und so lange rühren, bis es sich auflöst.

Die Weinblätter in vier warme ½ Liter-Gläser füllen und ca. 2 Tassen heiße Salzlake über die Blätter gießen. Die Gläser verschließen und im kochendheißen Wasserbad 5 Minuten einwecken. Die Klammern erst nach dem Erkalten der Gläser entfernen und die Verschlüsse kontrollieren. Wenn Sie die Weinblätter später verwenden wollen, sollten Sie sie erst unter fließendem kaltem Wasser abspülen und trockentupfen.

Ergibt 2 Liter

GEBRATENE WACHTELN MIT WEINBLÄTTERN

Eingelegte Weinblätter eignen sich sehr gut zum Abdecken des Brustfleischs kleinerer Vögel, das sonst beim Grillen leicht austrocknet; darüber hinaus schmecken die leicht gebräunten, knusprigen Blätter auch sehr delikat. Servieren Sie die Wachteln jeweils auf einem Kartoffelpuffer oder einem runden Croûton von 7,5 cm Durchmesser.

8 eingelegte Weinblätter (siehe links)
4 Wachteln
Salz und frisch gemahlener Pfeffer
2 EL weiche Butter
2 EL Rotweinessig
2 EL rotes Johannisbeergelee oder Ebereschen-Holzapfel-Gelee (Seite 155)
4 EL Sahne (38 %)
Brunnenkresse zum Garnieren

Die Weinblätter mit klarem Wasser abspülen, um überschüssiges Salz zu entfernen, und mit einem Küchentuch trockentupfen.

Die Wachteln von innen mit Pfeffer und Salz ausreiben, dann das Brustfleisch sorgfältig mit 2 Weinblättern bedecken und die Beine mit Küchenzwirn zusammenbinden. Die Wachteln mit 1 EL Butter einreiben und sie dann in eie Bratpfanne legen und in einem auf 230 °C vorgeheizten Backofen 30 Minuten schmoren, dabei alle 10 Minuten mit Fett begießen. Die Wachteln aus dem Backofen nehmen und warm stellen.

Das überschüssige Fett aus der Pfanne abgießen, Essig und Gelee dazugeben und die Mischung auf großer Flamme aufkochen; braune und angebrannte Stellen abschaben. Dann die Sahne hinzufügen, mit Pfeffer und Salz abschmecken und die restliche Butter unterrühren. Die Sauce durch ein Sieb in eine kleine Porzellanschüssel gießen.

Den Küchenfaden entfernen, die Wachteln auf eine Servierplatte legen und mit Brunnenkresse garnieren. Dazu in einer Schüssel die Sauce servieren.

Für 4 Personen

GETROCKNETE CHILISCHOTEN

Getrocknete Chilischoten haben einen intensiveren Geschmack als frische Chilis und werden entweder ganz oder ohne Kerne (sie sind dann milder) zum Würzen von Suppen, Saucen und Eintöpfen verwendet.

Am besten nehmen Sie noch nicht ganz reife Chilis und wischen sie mit einem feuchten Tuch ab. Nun fädeln Sie die Schoten am Stiel auf und hängen sie 2 Wochen an einen warmen trockenen Ort, bis sie ungefähr auf die Hälfte ihrer Originalgröße zusammengeschrumpft sind.

Nun den Küchenfaden entfernen und die Chilischoten in einem verschließbaren Gefäß aufbewahren, damit sie nicht einstauben.

HARISSA

Harissa ist die arabische Bezeichnung für eine sehr scharfe Chilipaste, die man in Tunesien zum Würzen des bekannten Kouskous verwendet. Bereits eine kleine Menge der Paste genügt, um einem Fleischeintopf sehr viel Schärfe zu verleihen. Vielleicht möchten Sie die *Harissa*-Paste mit einer kleinen Menge Knoblauchpüree (Seite 189) vermischen, bevor Sie sie verwenden.

225 g getrocknete Chilischoten (siehe oben), ohne Samenkörnchen (Gummihandschuhe tragen!)
2 TL Kümmelkörner
½ TL Salz
ca. ½ Tasse Olivenöl

Die Chilischoten 2 Stunden in warmen Wasser einweichen, dann die Schoten abtropfen lassen und trockentupfen.

Die Schoten zusammen mit den Kümmelkörnern und dem Salz im Mörser sehr fein zerreiben, ½ Tasse Öl dazugeben und die Mischung zu einer dünnen Paste verrühren (eventuell noch etwas Öl hinzugeben). Die *Harissa*-Paste in ein sterilisiertes Glas füllen und das Glas verschließen.

Ergibt 1 Tasse

KÜCHEN-GLOSSAR

CRÊPES

Wenn Sie die Crêpes frisch und nicht schon im voraus zubereiten wollen (sie lassen sich im Kühlschrank oder im Gefrierfach problemlos aufbewahren), dann sollten Sie darauf achten, daß der Crêpes-Teig mindestens eine Stunde ruhen muß, bevor Sie ihn backen können.

1 Tasse Milch
3 große Eier
$^3/_4$ Tasse Weizenmehl
1 Prise Salz
1 Prise brauner Zucker
125 g Butter, geschmolzen und
abgekühlt, zusätzlich 2 EL Butter

Die Milch mit den Eiern in einer großen Schüssel verrühren, bis sich die Zutaten miteinander verbinden. Mehl, Salz und Zucker in eine andere Schüssel sieben und langsam unter die Milchmischung rühren. Die geschmolzene Butter dazugeben und den Teig mindestens 1 Stunde bei Zimmertemperatur ruhen lassen.

Eine Crêpes-Pfanne von 20 cm Durchmesser oder eine Bratpfanne erhitzen und mit etwas Butter einpinseln. Der Teig sollte jetzt eine Konsistenz wie fette Sahne besitzen; falls er zu dickflüssig ist, geben Sie noch etwas Milch dazu. Nun 3 bis 4 EL Teig in die heiße Pfanne geben und die Pfanne schwenken, damit sich der Teig schnell verteilt. Die Crêpe etwa 20 Sekunden backen, bis sie auf der Unterseite goldbraun ist, und mit Hilfe eines Küchenspatels wenden; auch die zweite Seite goldbraun backen und die Crêpe auf einen Teller legen. Auf diese Weise den restlichen Teig zu Crêpes verarbeiten und auf einem Teller stapeln. (Die Pfanne benötigt eigentlich keine zusätzliche Butter, da der Crêpes-Teig bereits genügend Fett enthält.)

Ergibt etwa 14 Crêpes

Seite 226: Picknickkuchen mit Brombeerkonfitüre. Links: Frische Crêpes, die mit einer Konfitüre aus frischen Feigen und reifen Weintrauben gefüllt sind.

KASTENKUCHEN

Der englische Napfkuchen (hier in Form eines Kastenkuchens) wird aus jeweils knapp einem Pfund Butter, Zucker, Eiern und Mehl bereitet und deswegen auch ›Poundcake‹ (»Pfundkuchen«) genannt, wobei ich die Mengenangabe in diesem Rezept um die Hälfte reduziert habe. Der Teig benötigt kein zusätzliches Treibmittel, da mit den Zutaten genügend Luft unter die Teigmasse gerührt wird.

Frische oder getoastete Napfkuchenscheiben können mit einer Konfitüre zum Tee gereicht oder mit Vanilleeis und einer Konfitüre (wie z. B. ›Vanille-Pfirsichkonfitüre mit Fruchtstückchen‹, Seite 139) als unvergeßlicher Nachtisch serviert werden.

225 g weiche Butter
1 Prise Salz
225 g feinster Zucker
4 große Eier
225 g Weizenmehl

Die Butter mit dem Salz in einer großen Schüssel 8 Minuten schaumig rühren, bis die Butter eine sehr helle Farbe aufweist. Langsam den Zucker daruntermischen, bis er sich mit der Butter verbindet. Nacheinander die Eier dazugeben; jedes Ei sollte vollständig verrührt sein, bevor man das nächste darunterschlägt. Das Mehl dritteln und mit einem Holzlöffel schubweise unter den Teig heben; nicht zu sehr verrühren, da der Kuchen sonst zu fest wird.

Den Teig in eine gefettete und bemehlte Kastenform (22 x 10 x 7,5 cm) geben, mit einem Küchenspatel in der Mitte des Teiges eine Rille ziehen und in einem auf 180 °C vorgeheizten Backofen 45 bis 50 Minuten backen, bis an einem (in den Kuchen gesteckten) Holzspieß kein Teig mehr hängenbleibt. Den Kuchen in der Form auf einem Kuchengitter 15 Minuten abkühlen lassen, dann auf ein anderes Kuchengitter stürzen und vollständig auskühlen lassen.

Ergibt einen Kastenkuchen

SCONES

Servieren Sie zum Tee doch einmal englische Scones mit selbstgemachter Konfitüre und Schlagsahne.

½ Tasse getrocknete Johannisbeeren (nach Geschmack)
2 Tassen Weizenmehl
1 EL Zucker
1 TL Natron (Natriumbikarbonat)
2 TL Weinstein
Salz
60 g Butter, in kleine Stücke geschnitten
2 große Eier
1 Tasse Buttermilch

Falls Sie Johannisbeeren verwenden, sollten Sie sie 15 Minuten in heißem Wasser einweichen und dann gut abtropfen lassen.

Mehl, Zucker, Natron, Weinstein und Salz durch ein Sieb in eine große Schüssel geben. Die Butterflöckchen sorgfältig unterkneten und den Teig zerkrümeln, bis er die Größe von Haferflocken hat. (Eventuell die Johannisbeeren dazugeben.)

In einer Schüssel 1 Ei mit der Buttermilch vermischen und die Mischung mit einer Gabel unter die Mehlmischung rühren, bis der Teig zu einer Kugel geformt werden kann. Nun den Teig auf einer bemehlten Arbeitsfläche einige Sekunden kneten, bis er glatt wird, und zu einer 2 cm dicken Scheibe formen. Eine Ausstechform von 6 cm Durchmesser in Mehl tauchen und damit kleine runde Teigscheiben ausstechen.

Die Teigscheiben (Scones) auf ein gefettetes Backblech legen. In einer kleinen Schüssel die restlichen Eier mit einer Prise Salz verrühren und die Oberfläche der Scones mit der Eimischung bestreichen. Die Scones in einem auf 220 °C vorgeheizten Backofen 10 bis 12 Minuten backen, bis sie goldbraun sind. Die Scones entweder direkt nach dem Backen servieren oder sie ein wenig abkühlen lassen und warm reichen.

Ergibt 10–12 Scones

BISKUITKUCHEN

Sie können den Kuchen in verschiedene Schichten schneiden, diese mit Konfitüre, Gelee oder einer Fruchtcreme bestreichen und den Biskuitkuchen wieder zusammensetzen; oder Sie backen den Kuchen auf einem großen flachen Backblech, bestreichen ihn mit eingelegten Früchten und rollen ihn dann zu einer Biskuitrolle. Vielleicht möchten Sie im Winter einmal eine Füllung aus gesüßtem Kastanienpüree verwenden und dazu eine Schokoladensauce reichen. Wenn Sie einen Schokoladen-Biskuitkuchen backen wollen, ersetzen Sie einfach 1/4 Tasse Mehl durch 1/4 Tasse ungesüßtes Kakaopulver.

4 große Eier
1/2 Tasse Zucker
3/4 Tasse gesiebtes Mehl
60 g Butter, geschmolzen und abgekühlt

Eine große Schüssel auf einen Topf mit siedendem Wasser stellen und darin die Eier mit dem Zucker 10 Minuten verrühren, bis die Mischung bandförmig (d. h. nicht in einzelnen Tropfen) vom Schneebesen rinnt. Die Schüssel auf eine Arbeitsfläche stellen und die Mischung so lange rühren (oder schlagen), bis sie abgekühlt ist und einen dreifachen Umfang angenommen hat.

Das Mehl dritteln und schubweise durch ein Sieb dazu geben, mit einem Holzlöffel (mit Loch) vorsichtig und sorgfältig unterheben; zusammen mit dem letzten Drittel Mehl die Butter dazugeben.

Den Teig in eine gefettete und bemehlte Backform (22 x 22 cm oder 22 cm Durchmesser) oder in eine Springform von 18–20 cm Durchmesser geben und in einem auf 180 °C vorgeheizten Backofen 30 bis 35 Minuten backen, bis sich der Teig leicht von der Kuchenform löst und sich der Kuchen elastisch anfühlt. Den Biskuitkuchen in der Form auf einem Kuchengitter 5 Minuten abkühlen lassen, dann auf ein anderes Kuchengitter stürzen und vollständig auskühlen lassen.

Ergibt einen runden oder quadratischen Biskuitboden

JOGHURTBROT

Das Originalrezept für dieses »Gesundheitsbrot« stammt von meiner Freundin Caroline Jacobs, die es auf ihren Reisen von Südafrika bis Frankreich und von Amerika bis England verbreitete. Dieses dichte, feste Brot läßt sich sehr gut toasten, und mit einer selbstgemachten Konfitüre schmeckt es einfach köstlich.

2 EL Honig
2 Tassen Vollmilchjoghurt
450 g Weizenvollkornmehl oder eine Mehlmischung
1 TL Salz
1 EL Natron (Natriumbikarbonat)
1/2 Tasse Weizenkörner, zusätzlich ein paar Körner zum Bestreuen

Den Honig mit dem Joghurt in einer Schüssel verrühren und 5 bis 10 Minuten ruhen lassen, bis sich der Honig auflöst.

Die restlichen Zutaten in eine große Schüssel geben und eine Vertiefung in die Mitte drücken. Nun die Joghurtmischung in die Vertiefung gießen und das Mehl mit einem Holzlöffel vorsichtig vom Rand in die Mitte geben und solange verkneten, bis der Teig zu einer Kugel geformt werden kann. Den Teig auf einer bemehlten Arbeitsfläche ein paar Minuten durchkneten, wobei er nicht so glatt und glänzend wird wie die meisten anderen Brotteige.

Nun den Teig in eine gefettete Kastenform (22 x 10 x 7,5 cm) geben, mit einem Küchenspatel in der Mitte des Teiges eine Rille ziehen und den Teig mit Weizenkörnern bestreuen. Das Brot in einem auf 220 °C vorgeheizten Backofen 15 Minuten backen, die Temperatur auf 180 °C reduzieren und 1 weitere Stunde backen.

Das Brot aus der Form nehmen und bei 170 °C weitere 15 Minuten backen, bis der Boden des Joghurtbrots hohl klingt, wenn man dagegen klopft.

Ergibt 1 Brot

VISITANDINES

Frische grüne Mandeln und kleine Mandelschiffchen (Visitandines), dazu entsteinte Kirschen in Mandelsirup.

Bei diesem Gebäck handelt es sich um kleine schiffchenförmige Mandeltörtchen, die ihr einmaliges Aroma frischer Butter und guten Qualitätsmandeln verdanken.

Die Mandelschiffchen können zwar mehrere Tage im voraus gebacken und in luftdicht verschlossenen Behältern aufbewahrt werden, aber sie schmecken frisch aus dem Ofen am besten.

Reichen Sie die *Visitandines* doch einmal zu eingelegten Früchten, beispielsweise zu Schattenmorellen in Kirschwasser (Seite 88) oder zu Aprikosen in Vanillesirup (Seite 69).

90 g Butter, zusätzlich 3 EL geschmolzene Butter zum Auspinseln der Formen
$^1/_3$ Tasse Weizenmehl
$^3/_4$ Tasse Puderzucker
1 Tasse frisch gemahlene, blanchierte Mandeln
3 große Eiweiß

25 Schiffchenformen (jeweils 15 ml Füllmenge) mit 3 EL geschmolzener Butter großzügig einpinseln.

Die restliche Butter in einem kleinen Topf bei mittlerer Hitze erhitzen, bis sie zu bräunen beginnt. Den Topf vom Herd nehmen.

Das Mehl und den Puderzucker durch ein Sieb in den Topf sieben und die Mandeln dazugeben. Das Eiweiß unter die Mischung schlagen und auf kleiner Flamme unter ständigem Rühren erhitzen, bis sich die Mischung leicht erwärmt hat. Den Topf vom Herd nehmen und die gebräunte Butter langsam hinzufügen.

Nun die Schiffchenformen zu einem Viertel mit Teig füllen, auf ein Backblech stellen und den Teig in einem auf 220 °C vorgeheizten Backofen 10–15 Minuten backen, bis die Mandeltörtchen an der Oberfläche leicht einreißen und sich elastisch anfühlen. Die *Visitandines* aus den Formen nehmen, auf ein Kuchengitter setzen (flache Seite nach oben) und auskühlen lassen.

Ergibt 25 Mandelschiffchen

BUCHWEIZENPFANNKUCHEN

Diese Pfannkuchen schmecken zu Apfelmus mit Kardamom (Seite 66), zu Brombeerpüree (Seite 151) oder zu sautierten Apfelschnitzen.

$1^1/_2$ Tassen Weizenmehl
$^1/_2$ Tasse Buchweizenmehl
1 TL Natron (Natriumbikarbonat)
$^1/_2$ TL Salz
2 große Eier
1 EL Honig
60 g Butter, geschmolzen und abgekühlt, zusätzlich etwas geschmolzene Butter zum Auspinseln der Pfanne
$1–1^1/_2$ Tassen Buttermilch

Die trockenen Zutaten in eine große Schüssel geben und eine Vertiefung in die Mitte drükken. In einer anderen Schüssel die Eier mit dem Honig, der geschmolzenen Butter und 1 Tasse Buttermilch verrühren und in die Vertiefung geben. Nun das Mehl mit einer Gabel vorsichtig vom Rand in die Mitte geben und eventuell die restliche Buttermilch hinzufügen, falls der Teig nicht glatt wird. (Nicht zu sehr verrühren.)

Eine Pfanne (vorzugsweise eine Teflonpfanne) bei mittlerer Hitze erhitzen, mit etwas Butter einreiben und jeweils $^1/_4$ Tasse Teig zu einem Pfannkuchen backen. Sobald der Teig Blasen wirft und die Unterseite goldbraun ist, den Pfannkuchen mit Hilfe eines Bratenwenders umdrehen und von der zweiten Seite goldbraun backen. Die fertigen Pfannkuchen im warmen Backofen warmhalten, bis der restliche Teig zubereitet ist.

Ergibt ca. 10 Pfannkuchen von 10 cm Durchmesser

WAFFELN

Sie können Waffeln sehr leicht zubereiten und mit selbstgemachtem Fruchtsirup oder mit Fruchtsaucen (z. B. ›Blaubeersauce mit ganzen Blaubeeren‹, Seite 77), Konfitüren und Kompott reichen.

2 Tassen Weizenmehl
2 TL Backpulver
1 TL Natron (Natriumbikarbonat)
$^1/_4$ TL Salz
2 TL Zucker
2 große Eier
$1^1/_2$ Tassen Buttermilch
60 g Butter, geschmolzen und abgekühlt

Die trockenen Zutaten in eine große Schüssel geben und eine Vertiefung in die Mitte drükken. In einer anderen Schüssel die Eier mit der Buttermilch und der Butter verrühren und in die Vertiefung geben. Nun das Mehl mit einer Gabel vorsichtig vom Rand in die Mitte geben und einen glatten Teig kneten. (Nicht zu sehr verrühren, da die Waffeln sonst pappig werden.)

Das Waffeleisen ohne Fett erhitzen, den dickflüssigen Teig mit einem Löffel in die Mitte der unteren Backfläche geben und so verteilen, daß die Backfläche bis ca. 2 cm vom Rand entfernt bedeckt ist. Das Gerät schließen und nach ca. 4 Minuten (wenn es nicht mehr dampft) wieder öffnen. Die fertigen Waffeln auf einem vorgewärmten Teller im Backofen warmhalten, bis der restliche Teig zubereitet ist.

Ergibt 6–8 Waffeln von 16 cm Durchmesser

MÜRBETEIG

für einen Tortenboden von 20 cm Durchmesser:

1 Tasse Weizenmehl
½ TL Salz
60 g Butter, in kleine Stücke geschnitten
1 großes Eigelb
2–3 EL kaltes Wasser

für einen Tortenboden von 30 cm Durchmesser:

2 Tassen Weizenmehl
1 TL Salz
125 g Butter, in kleine Stücke geschnitten
2 große Eigelb
4–5 EL kaltes Wasser

Mehl und Salz in einer großen Schüssel mischen, die Butterflöckchen sorgfältig unterkneten und den Teig zerkrümeln, bis er die Größe von Haferflocken hat.

Das Eigelb mit dem kalten Wasser in einer Schüssel verrühren, dann zur Mehlmischung geben und solange verkneten, bis der Teig zu einer Kugel geformt werden kann. Den Teig in Wachspapier einwickeln und mindestens 15 Minuten kühlen, bevor man ihn ausrollt.

KONDITORCREME

Da die Konditorcreme hervorragend zu Obsttorten paßt, kann man mit ihr sehr schnell einen einfachen, aber leckeren Nachtisch zaubern.

Dazu bestreichen Sie einen fertigen Tortenboden mit Konditorcreme und belegen ihn mit eingelegten Früchten, beispielsweise mit Aprikosen, Kirschen oder Pfirsichen. Sie können die Konditorcreme mit Fruchtsirup der eingelegten Früchte verfeinern.

2 Tassen Milch
1 Vanilleschote, der Länge nach halbiert
6 große Eigelb
½ Tasse Zucker
3 EL Weizenmehl

In einem kleinen Topf die Milch zusammen mit der Vanilleschote auf kleiner Flamme zum Kochen bringen und 10 Minuten abgedeckt ruhen lassen.

Das Eigelb mit dem Zucker in einer Schüssel so lange schlagen, bis die Mischung locker und luftig ist. Nun das Mehl unterrühren.

Die Vanilleschote entfernen, die Milch zur Eigelbmischung hinzufügen und die Sauce in einem Topf auf kleiner Flamme unter ständigem Rühren erhitzen, bis sie Blasen wirft und dicker wird, dann weitere 2 Minuten kochen lassen.

Die Konditorcreme in eine Schüssel füllen, die Schüssel mit Frischhaltefolie oder mit dem Papier einer Butterpackung abdecken und die Creme abkühlen lassen.

Ergibt 2 Tassen

SÜSSER MÜRBETEIG

für einen Tortenboden von 20–25 cm Durchmesser:

1 Tasse Weizenmehl
¼ TL Salz
3 EL Zucker
60 g Butter, in kleine Stücke geschnitten
2 große Eigelb

für einen Tortenboden von 25–30 cm Durchmesser:

1½ Tassen Weizenmehl
½ TL Salz
⅓ Tasse Zucker
90 g Butter, in kleine Stücke geschnitten
3 große Eigelb

Mehl, Salz und Zucker in einer großen Schüssel mischen, die Butterflöckchen unterkneten und den Teig zerkrümeln, bis er die Größe von Haferflocken hat. Das Eigelb in einer Schüssel leicht verrühren, dann zur Mehlmischung geben und so lange verkneten, bis der Teig zu einer Kugel geformt werden kann. Den Teig in Wachspapier wickeln und 15 Minuten kühlen, bevor man ihn ausrollt.

ZUCKERSIRUP

Mit dem folgenden Rezept können Sie einen einfachen Zuckersirup kochen, dessen Konsistenz von dünnflüssig bis dick reichen kann. Wählen Sie je nach Obstsorte und Geschmack die Konsistenz, die Ihnen zusagt.

Dünnflüssig: 2 Tassen Zucker,
4 Tassen Wasser, 2 EL frisch
gepreßter Zitronensaft
Zähflüssig: 2 Tassen Zucker,
2 Tassen Wasser, 1 EL frisch gepreßter
Zitronensaft
Dick: 2 Tassen Zucker, 1 Tasse Wasser,
1 EL frisch gepreßter Zitronensaft

Zucker, Wasser und Zitronensaft in einem kleinen Topf unter ständigem Rühren auf kleiner Flamme erhitzen, bis sich der Zucker auflöst. Nun den Sirup bei mittlerer Hitze 1 Minute kochen lassen.

Ergibt 1½–5 Tassen

FRUCHTSORBET

Fruchtsorbet wird aus Fruchtpüree und Zuckersirup zubereitet. Zu meinen Lieblingssorten zählen Himbeer- und schwarzes Johannisbeersorbet.

1 Tasse Zucker
2 EL frisch gepreßter Zitronensaft
1 Tasse ungesüßtes Fruchtpüree

Den Zucker mit 2 Tassen Wasser auf kleiner Flamme erhitzen, bis sich der Zucker auflöst. Nun den Sirup zum Kochen bringen, 1 Minute kochen und abkühlen lassen. Den Zitronensaft und das Fruchtpüree unter den Sirup rühren und das Ganze 1 Stunde kühlen.

Die Sorbetmasse in einen Eiscremebereiter füllen und entsprechend der Gebrauchsanweisung einfrieren. Das Sorbet kann zwar im Gefrierfach aufbewahrt werden, aber es schmeckt frisch natürlich am besten.

Ergibt 1 Liter

VANILLEEIS

Selbstgemachtes Vanilleeis ist kaum zu übertreffen; Sie können es höchstens noch mit ganzen oder pürierten Früchten abrunden. Geben Sie die Früchte entweder zur fertigen, gekühlten Creme und rühren Sie sie ein paar mal im Eisbereiter durch, oder mischen Sie das Fruchtpüree unter die Eismasse, sobald sie fest zu werden beginnt; meistens reicht 1 Tasse Püree für 1 Liter Eiscreme. Ungesüßtes Püree sollten Sie vorher nach Geschmack süßen. Zu Vanilleeis passen hervorragend: Erdbeer- und Himbeerpüree, gesüßtes Preiselbeerpüree, grob gehackte Kastanien aus dem Rezept ›Ganze Kastanien in Vanillesirup‹ (Seite 90) oder abgetropfte ›Backpflaumen in Yunnantee und Armagnac‹ (Seite 144).

2 Tassen Milch
1 Tasse Sahne (38 %)
1 Vanilleschote, der Länge nach halbiert
8 große Eigelb
½ Tasse Zucker

Die Milch mit der Sahne und der Vanilleschote zum Kochen bringen. Den Topf vom Herd nehmen und die Mischung ca. 15 bis 20 Minuten abgedeckt ruhen lassen.

Das Eigelb mit dem Zucker in einer Schüssel schaumig schlagen, bis die Mischung dikker wird und eine helle Farbe aufweist. Die Vanilleschote entfernen und die Milch langsam unter die Eigelbmischung rühren. Die Creme in den Topf geben und erhitzen, bis sie dick wird. Die Creme in eine Metallschüssel geben, die in eine zweite Schüssel mit Eis gesetzt wird. Die Creme abkühlen lassen; dabei gelegentlich umrühren.

Nun die Creme in einen Eiscremebereiter füllen und entsprechend der Gebrauchsanweisung einfrieren.

Ergibt 1 Liter

Folgende Doppelseite: Heiligenkraut und römische Kamille in den Beeten des Kräuterlehrgartens der Royal Horticultural Gardens, Wisley, Surrey.

AS THE SUNFLOWER

SUPPENGRÜN MIT KRÄUTERN

Ein Bündel Suppengrün mit verschiedenen aromatischen Kräutern dient zum Würzen von Suppen, Brühen und anderen Flüssigkeiten, in denen Fleisch geschmort oder gedünstet wird. Legen Sie frische oder getrocknete Thymianzweige, ein Lorbeerblatt und Petersilie zwischen eine etwa 12 cm lange Poreestangenhälfte und eine gleichlange Selleriehälfte. Nun umwickeln Sie das Suppengrünbündel mit Küchenfaden.

FRISCHE NUDELN

Selbstgemachte Nudeln sind eine Delikatesse und lohnen immer die Mühe, wenn Sie sie zu selbstzubereiteten Saucen wie ›Pestosauce mit Basilikumpüree‹ (Seite 221) oder ›Tomaten in Tomatensauce‹ (Seite 197) servieren. Sie können die Nudeln auch färben, beispielsweise mit roter Bete (geben Sie dazu 2 EL gekochte und pürierte rote Bete zu den Eiern und bereiten Sie den Teig nach dem folgenden Rezept) oder mit frischen, gehackten Kräutern (geben Sie ¼ Tasse Basilikum oder Petersilie zu den Eiern und bereiten Sie den Teig nach dem folgenden Rezept).

1½ Tassen Weizenmehl (Type 550)
2 große Eier
1 großes Eigelb

Das Mehl auf eine Arbeitsfläche häufen und eine Vertiefung in die Mitte drücken. In einer Schüssel die Eier mit dem Eigelb verrühren und in die Vertiefung geben. Nun das Mehl mit einer Gabel vorsichtig vom Rand in die Mitte heben und den Teig ca. 5 Minuten kneten, bis er weich und geschmeidig ist. Den Teig abdecken und 30 Minuten ruhen lassen.

Dann den Teig in 3 oder 4 Teile unterteilen und nacheinander mit einer Nudelmaschine auf die gewünschte Länge und Dicke schneiden. Die Nudeln in einem großen Topf mit kochendem Salzwasser *al dente* (bißfest) kochen.

Ergibt 350 g (4 Portionen)

LITERATURAUSWAHL

Cameron-Smith, Marye — *The Complete Book of Preservin,* London 1976

Gorys, Erhard — *dtv - Küchen-Lexikon,* München 1990

Hertzberg, Ruth; Vaughan, Beatrice; Greene, Janet — *Putting Food By,* New York 1979

Morand, Annie — *Das große Buch vom Kochen,* Köln o. J.

Nichols, Nell B.; Larson, Kathryn — *Farm Journal's Freezing and Canning Cook Book,* New York 1978

Pellaprat, H. P. — *Comment Faire ses Conserves,* Paris 1938

White, Florence — *Good Things,* London 1971

Weitere Kochbücher aus dem DuMont Buchverlag:

Bugialli, Giuliano — *Die Kultur der italienischen Küche Ein kulinarischer Begleiter durch zwanzig Regionen,* Köln 1985

Carrier, Robert — *Die Kultur der marokkanischen Küche,* Köln 1988

Forbes, Leslie — *Eine kulinarische Reise durch die Provence Klassische Rezepte aus dem Süden Frankreichs,* Köln 1988

Eine kulinarische Reise durch die Toscana Klassische Rezepte aus dem Herzen Italiens, Köln 1987

Freson, Robert — *Die Kultur der französischen Küche Ein Begleiter durch 14 kulinarische Provinzen* Köln 1984

Harris, Valentina — *Die schönsten Rezepte aus einem italienischen Bauernhaus,* Köln 1990

Holt, Geraldine — *Die schönsten Rezepte aus französischen Kräutergärten,* Köln 1989

Jacobs, Susie	*Die schönsten Rezepte aus der griechischen Inselwelt* Köln 1992
Quintana, Patricia	*Die Kultur der mexikanischen Küche,* Köln 1989
Sand, Christiane (Hrsg.)	*Zu Gast bei George Sand Kultur und Tafelfreuden auf Château Nohant,* Köln 1989
Tolley, Emelie Mead, Chris	*Kräuter. Gärten – Küche – Dekors,* Köln 1987
Vergé, Roger	*»Feste in meiner Mühle« Feinschmecker-Menüs aus Frankreich,* Köln 1987

DANKSAGUNG

Den zahlreichen Beteiligten, die zum Entstehen dieses Buches beigetragen haben, möchte ich danken. Meine tiefe Bewunderung gilt Leslie Stoker bei Stewart, Tabori & Chang in New York, die von Anfang an eifrig und bis zum Schluß geduldig dieses Buch begleitete. Ebenfalls bei Stewart, Tabori & Chang geht mein Dank an Margaret Orto und Carolyn Petter für ihre Begeisterung und ihre Freundschaft.

Ich danke Lorraine Alexander für ihre peinlich genaue Redaktion, Elisabeth Woodson für ihr Feingefühl beim Layout und Design und Kate Slate für den gesunden Menschenverstand und die Geduld, mit dem sie sich um dieses Projekt kümmerte.

In England bin ich Susan Campbell zu Dank verpflichtet: für ihre Ratschläge, ihre Begleitung bei Gartenbesuchen und für ihr gastfreundliches Haus in London. Ebenso danke ich ihrem Sohn William, der einen Orden verdient hat für seine kritische Zunge beim Abschmecken und für sein Interesse an diesem Projekt.

Auf der Suche nach geeigneten Gemüsegärten für die Abbildungen, unternahm ich ausgedehnte Reisen durch ganz England, und der freundliche Empfang und die Hilfsbereitschaft der folgenden Hausbesitzer berührte mich tief:

– Mr. C. F. Hughesdon, Dunsborough Park Estate, Ripley, Surrey; und Derek Duffy, Chefgärtner
– Mr. und Mrs. Stone, Little Mynthhurst Farm, Horley, Surrey; sowie David und Cynthia Forsyth, Chefgärtner
– Familie Jacobs, Maabs, Stonegate, East Sussex

- Sabine de Mirbeck, l'Ecole de Cuisine Francaise, Litlington, Sussex; Christophe Buey, Küchenchef
- Mr. und Mrs. Richard Mann, Litlington Place, Litlington, Sussex
- Richard Cotter, Benenden Walled Garden, Cranbrook, Kent
- Christine und John Harrison, North Court Shorewell, Isle of Wight
- Felicity und Richard Dick, Bayfield, Totland Bay, Isle of Wight
- Sir Michael und Lady Hanham, Deans Court, Wimborne, Dorset
- Major David und Lady Anne Rasch, Heale House, Salisbury, Wiltshire
- Mrs. Diane Saunders, Easton Grey House, Malmesbury, Wiltshire
- Mrs. Rosemary Verey, Barnsley House, Barnsley, Gloucestershire
- Lord und Lady Vestey, Stowell Park, Northleach, Gloucestershire
- Vicky und Peter Hingston, Old Kyrewood, Tenbury Wells, Worcester
- Mr. und Mrs. E. B. Walker, Hilltop, Martley, Worcester
- Patricia und John Hegarty, Hope End, Ledbury, Hereford
- The Murphys, Leeds, Yorkshire
- Rosemarie Gray, Eggleston Hall, Barnard Castle, Durham
- Mr. Henley, Isle of Wight Horticultural Society
- Mr. John Dupays, Hunstrete House Hotel, Chelwood, Avon
- Familie Tullburg, Wiltshire Tracklements, Sherston, Witshire
- The Haunch of Venison, Salisbury, Wiltshire
- Mr. Head, Norfolk Lavender, Heacham, Norfolk
- Kings Bakery, Ripon, North Yorkshire
- Mr. P. MacMillan Browse, The Royal Horticultural Society, Woking, Surrey
- Jeremy und Sandra Trehane von James Trehane & Sons, Blueberry Orchards, Wimborne, Dorset

Ebenfalls in England geht mein Dank an die Nahrungsmittelstylistin Louise Pickford für ihre bereitwillige Unterstützung und die Koordination vieler Fototermine mit der Requisiteurin Andrea Lampton; an Judith Nunney und Jenny Taylor bei Butlers Wharf Limited für ihre außerplanmäßige Unterstützung an der Schreibmaschine; an Paul Delfavero, Chefkoch und Mitbesitzer des Blueprint Cafe in London für seine unermüdliche Hilfe bei der Vorbereitung der Speisen für die Fotos und für seine helfende Hand bei der Entstehung dieses Buches.

Schließlich möchte ich Richard Olney danken: einmal dafür, daß er Richard ist und zum anderen für seine vielen Lebensweisheiten über Leben, Wein und gutes Essen, die mich immer begleiten werden.

REGISTER

C

D

E

F

G

H

J

K

L

M

N

O

P

Q

R

S

T

V

W

Y

Z

Eine kulinarische Reise durch die Toscana

Klassische Rezepte aus dem Herzen Italiens
Von Leslie Forbes. 160 Seiten, durchgehend farbig illustriert, Leinen mit Schutzumschlag

»Dies ist kein Buch, dies ist ein Genuß. Man müßte die 160 Seiten unter den Arm klemmen, sich ins Auto schwingen und schnurstracks in die Toscana fahren, um all die Köstlichkeiten, von denen das Buch erzählt, an Ort und Stelle auszuprobieren. Die Kanadierin Leslie Forbes hat eine Sammlung von knapp hundert Speisen zusammengetragen. Das ist keine trockene Aufzählung der Zutaten: in dem liebevoll gestalteten Buch, mit farbig unterschiedlicher Schrift und atmosphärischen Zeichnungen der Autorin, erfährt man auch vielerlei über Kultur und Menschen der Toscana. Geschichtsunterricht und Küchengeheimnisse verbinden sich auf anregende Weise.«

Wetzlarer Neue Zeitung

Eine kulinarische Reise durch die Provence

Klassische Rezepte aus dem Süden Frankreichs
Von Leslie Forbes. 160 Seiten, durchgehend farbig illustriert, Leinen mit Schutzumschlag

»Die kanadische Grafikerin Leslie Forbes hat diese Sammlung traditioneller Rezepte illustriert und zusammengestellt zu einem bezaubernden Werk, in das die Farben des Midi ebenso eingegangen sind wie die Düfte der Provence. Wer es einpackt, wenn er auf die Reise geht, dem wird es nützliche Dienste leisten. Alle seine magischen Kräfte aber entfaltet es erst, wenn wir es daheim im Lehnstuhl lesen und betrachten.«

Frankfurter Allgemeine Zeitung

»Leslie Forbes fängt den Leser mit dem Charme ihrer Farbkreiden ein und begleitet ihn individuell auf kulinarischen Reisen.«

Fränkischer Tag

Die Kultur der italienischen Küche

Ein kulinarischer Begleiter durch zwanzig Regionen

Von Giuliano Bugialli (Text) und John Dominis (Fotos). 304 Seiten mit 250 Farbtafeln und 125 Rezepten, Register, Leinen mit Schutzumschlag

»Ein edles Kochbuch für Freunde der italienischen Küche: Fotos von gedeckten Tischen vor mittelalterlichen Palazzi und auf alten Schiffen, üppigen Marktszenen und edlem Geschirr machen das Buch zu einer Augenweide. Die Rezepte aus allen Teilen Italiens werden aufwendig und ausführlich erklärt – dabei manche, die man bisher nicht in Kochbüchern fand.« *essen & trinken*

Die Kultur der französischen Küche

Ein Begleiter durch 14 kulinarische Provinzen

Von Robert Freson. 288 Seiten mit 375 Farbfotos und 100 Rezepten, Fachwörterglossar, Register, Leinen mit Schutzumschlag

»Der berühmte Fotograf Robert Freson ist durch das Land gestreift, hat in kleinen Kneipen und berühmten Restaurants fotografiert, auf den Märkten der Dörfer und den Höfen der Kleinbauern: Frankreich von seiner schönsten Seite – ländlich, lieblich, lecker. Food-Journalisten aus aller Welt lieferten die Texte zu seinen appetitanregenden Bildern, die Französin Jacqueline Saulnier zu jeder Provinz die wichtigsten Regionalrezepte.«
VIF Das Gourmet Journal